DOS POBRES AO PAPA DO PAPA AO MUNDO

Conversas sinceras
com o Papa Francisco

PAPA FRANCISCO

DOS POBRES AO PAPA DO PAPA AO MUNDO

Conversas sinceras
com o Papa Francisco

Conversas coordenadas por
Sibylle de Malet, Pierre Durieux
e Loïc Luisetto

MINOTAURO

Rio de Janeiro - 2025

Dos pobres ao Papa, do Papa ao mundo

ISBN: 978-65-6143-026-5

Impresso no Brasil — 1ª Edição, 2025 — Edição revisada conforme o Acordo Ortográfico da Língua Portuguesa de 2009.

(BENITEZ Catalogação Ass. Editorial, MS, Brasil)

F818d
1.ed. Francisco, Papa, 1936-2025
Dos pobres ao Papa, do Papa ao mundo : conversas sinceras com o Papa Francisco / Papa Francisco, Association Lazare ; tradução Daniela Perico Graciano. – 1.ed. – Rio de Janeiro : Minotauro, 2025.
112 p.; 14 x 21 cm.

Título original: Des pauvres au Pape, du Pape au monde.
ISBN 978-65-6143-026-5

1. Diálogos – Aspectos religiosos – Cristianismo 2. Francisco, Papa, 1936-2025 – Entrevistas. 3. Francisco, Papa, 1936-2025 – Ensinamentos. 3. Igreja católica – História. 4. Vaticano. I. Association Lazare. II. Graciano, Daniela Perico. III. Título.

04-2025/155 CDD 232.91

Índice para catálogo sistemático:
1. Papa Francisco : Diálogos : Igreja Católica : Cristianismo 232.91

Aline Graziele Benitez – Bibliotecária – CRB-1/3129

Grupo Editorial Alta Books

Produção Editorial: Grupo Editorial Alta Books
Diretor Editorial: Anderson Vieira
Editor da Obra: Marco Pace
Vendas Governamentais: Cristiane Mutüs
Gerência Comercial: Claudio Lima
Gerência Marketing: Andréa Guatiello

Produtora Editorial: Andreza Moraes
Tradução: Daniel Perico Graciano
Revisão: Roger Trimer
Diagramação: Merit Educacional
Capa: Foto © Vatican Media

ALTA BOOKS
GRUPO EDITORIAL

Rua Viúva Cláudio, 291 — Bairro Industrial do Jacaré
CEP: 20.970-031 — Rio de Janeiro (RJ)
Tels.: (21) 3278-8069 / 3278-8419
www.altabooks.com.br — altabooks@altabooks.com.br
Ouvidoria: ouvidoria@altabooks.com.br

Editora **afiliada à:**
abdr
ASSOCIADO CBL Câmara Brasileira do Livro

SUMÁRIO

A Jean-Claude Nervet,
A Christine Eydaleine,
A Antoine Rowe,
A Thierry Gicquel,
A Patrick Pinault,
A Djamila,
A Henry Fargues,
nossos companheiros de jornada,
que nos deixaram cedo demais,
a quem tanto amamos
e que teriam amado tanto
participar deste diálogo improvável…

PREFÁCIO

Este é um livro incomum

O leitor tem em mãos um diálogo improvável entre o Papa e os pobres do mundo inteiro.

Desde os primeiros dias de seu pontificado, o Papa declarou seu sonho de construir uma "Igreja pobre para os pobres". A opção pelo nome Francisco –que ele narra nas páginas a seguir – é um apelo permanente para "não nos esquecermos dos pobres". Não há melhor maneira de conhecer o coração desse homem, o coração de suas palavras e ações, que ouvi-lo conversar não sobre a pobreza, mas com os mais pobres.

Para quem o conhece e o ama, há aqui a confirmação de que ele é o "papa dos pobres". Para quem não o conhece, assim como para quem às vezes discorda dele, há aqui uma porta de entrada e uma luz.

A originalidade deste livro vem também dos próprios pobres que o entrevistam. Suas histórias, seu sofrimento e as humilhações que suportam permitem que tenham certa liberdade, certa desinibição. Encontramos nas páginas a seguir perguntas que ninguém jamais ousou fazer a um papa: seu salário, seus amores, seus defeitos, suas dúvidas, suas ansiedades, seu confessor, sua saúde... A incompreensão dos interlocutores não foi disfarçada ou suavizada, ela comprova a autenticidade desse diálogo.

Oferecemos ao Papa Francisco uma “campainha” para que ele pudesse passar para a próxima pergunta se sentisse necessidade. Foram longas horas de entrevista e a campainha nunca tocou. Tivemos a sensação de que Francisco gostou desse clima de veracidade, talvez bastante raro, porque — como disse em uma de suas respostas — “Ninguém quer brigar com o Papa”!

Francisco, portanto, não recusou nenhuma pergunta. Melhor ainda, quase não corrigiu suas respostas, a não ser quando fez questão de esclarecer alguns pontos, por vezes a nosso pedido.

O papa é conhecido por sua simplicidade e transparência. Fomos testemunhas privilegiadas desse fato. Às vezes ele respondia “sim” ou “não”, sem entrar em maiores detalhes. Outras vezes, desenvolvia longos esclarecimentos, sempre acessíveis e educativos, deixando-se interromper por seus interlocutores e permitindo-lhes digressões ou pedidos de aprofundamento. Todas essas trocas aqui transcritas fazem deste livro um testemunho único em seu gênero, inspirador e verdadeiro.

Do confinamento à implantação

Tudo começou na primavera de 2020, a primavera da Covid-19 e, para os europeus, o primeiro período de confinamento. Deveríamos ir a Roma para comemorar o décimo aniversário da Associação Lazare, instituição que gerencia alojamentos partilhados de apoio a moradores de rua e jovens trabalhadores. No entanto, a pandemia impossibilitou esse projeto.

Contudo, em nenhum momento o Papa cancelou nossa reunião. O Papa não cancela? Não cancelamos! E como não podíamos ir até lá com cerca de duzentas pessoas, conforme havíamos planejado de início, propusemo-nos a ir encontrá-lo com alguns moradores de rua e organizar uma videoconferência para que todos pudessem participar e se beneficiar de alguma maneira.

No final desse primeiro encontro, extraordinário no sentido pleno da palavra, ocorrido em uma sexta-feira, 29 de maio de 2020, por volta das 12h40, estávamos convencidos de que o diálogo não poderia parar por ali. Essa foi particularmente a opinião de Christian, que, quando a fome chegou, sugeriu ao Papa que continuassem a conversa durante o almoço. Essa refeição não foi possível naquele dia, mas o pedido diz muito sobre a simplicidade de nossas interações. Foi assim que lhe sugerimos continuar essa conversa, abrindo-a aos pobres do mundo inteiro em um novo encontro, e ele aceitou que esse novo diálogo resultasse em um livro.

Pedimos um novo encontro com o sucessor do trono de Pedro, inspirados pelo Fratelli tutti[1]: "Gestos físicos, as expressões faciais, o silêncio, a linguagem corporal, até o perfume, o tremor das mãos, o rubor, o suor são necessários, porque tudo isso fala e faz parte da comunicação humana.

1 Carta encíclica sobre a fraternidade e a amizade social, 3 de outubro 2020, https://www.vatican.va/content/francesco/fr/encyclicals/documents/papafrancesco_20201003_enciclica-fratelli-tutti.html.

[...] A conexão digital não basta para construir pontes, não basta para unir a humanidade!" (§ 43).

O passo seguinte foi coletar perguntas de pessoas pobres de várias partes o mundo, graças a várias associações de caridade amigas que trabalham nos cinco continentes. Em poucas semanas, mais de mil perguntas chegaram até nós, de crianças das favelas do Brasil, de mulheres das planícies da Índia, de jovens do deserto iraniano, de estadunidenses sem-teto, de prostitutas da Ásia, de famílias malgaxes etc., além de alguns anônimos, de países em que as práticas cristãs representam risco de vida. Dedicamo-nos à leitura, seleção e classificação das perguntas e convidamos pessoas pobres a virem fazer suas próprias perguntas: Ricardo, Philippe, Manoli, Diana, Jesús, Charlotte, Orelio, Alain. Agradecemos aqui a eles: foram os porta-vozes daqueles que nunca têm voz, ao viverem esse diálogo de maneira tão espontânea, livre e muito pessoal. No decorrer do livro, você lerá perguntas de pobres dos quatro cantos do mundo. Todas foram feitas por nossos companheiros de aflição, que algumas vezes se excederam, se inquietaram e contestaram. Feliz confinamento que permitiu essa exposição!

Somos mendigos

Por mais estranho que possa parecer, nas várias horas de entrevista que nos concedeu, em nenhum momento o Papa foi interrompido pelas secretárias ou pelo telefone. Suas palavras e a maneira como ele nos olhava nos passavam a impressão de que éramos as únicas pessoas do mundo naquele momento. Aquele cuja responsabilidade é global esteve presente e disponível, como um avô estaria para os netos. Essa foi a primeira lição desses encontros: "Vocês não têm tempo. O Papa tem."

São comuns na mídia as queixas em relação ao Vaticano, e é verdade que nem sempre o Papa Francisco foi gentil com ela. No entanto, temos que reconhecer a hospitalidade das pessoas que nos acolheram na residência Santa Marta. Wi-Fi, extensões, copos de água, refeições, quartos, café... tudo parecia fácil, era como se fôssemos esperados ali, como se fôssemos pessoas importantes, nós, os mais pobres entre os pobres! Um dos secretários do Papa nos disse: "Ele é o seu Papa, gosta das coisas simples! Sejam simples!" Essa foi a segunda lição aprendida em nossos encontros: são as ações que conferem valor às palavras, e o Papa nos acolheu de uma maneira que jamais poderíamos imaginar, da mesma maneira como ele encoraja o mundo a fazer com todos os seres humanos.

Essas são as razões do título deste livro: afinal, as perguntas que ele reúne vieram de pobres de todo o mundo para o Papa e as respostas do Papa são dirigidas ao mundo inteiro!

Devemos agradecer novamente pela confiança e pela oportunidade que nos foi dada.

Éramos como mendigos e foi ele que nos agradeceu. Inclusive, o Papa optou por renunciar a seus direitos autorais, oferecendo-os às associações que ajudaram a coletar as perguntas.

Viemos com tantas perguntas na cabeça e ele as respondeu com o coração. Cada vez que relemos essas interações, vários de nós somos impactados pelas palavras do Evangelho, ditas em seu tempo pelos peregrinos perdidos, no caminho de Emaús: "Não estava queimando o nosso coração enquanto ele nos falava no caminho e nos expunha as Escrituras?"[2]

Como dissemos, vocês têm em mãos um diálogo improvável entre o Papa Francisco e os pobres do mundo inteiro. Há nestas linhas, porém, muito mais do que alguns pobres, e muito mais do que o Papa!

Sibylle de Malet
Christian Delouche
Pierre Durieux
Loïc Luisetto

2 Lucas 24,32. As traduções bíblicas foram extraídas de https://www.bibliacatolica.com.br/

1

"O Papa é um homem como qualquer outro"

Qual é a primeira coisa que o Papa faz ao se levantar? (Bartosz, Cracóvia, Polônia)

Ele acorda, e na primeira meia hora do dia é um verdadeiro zumbi!

Depois a oração, e em alguns dias a missa. Em outros dias, a missa começa mais tarde. Normalmente a missa começa às 4h45, mas às vezes, quando acontece na Basílica de São Pedro, começa mais tarde.

Como é um dia em sua vida? (Kelly Caroline, Salvador da Bahia, Brasil)

Bem, primeiro eu tenho que esclarecer que nenhum dia na vida do Papa é um dia "normal". Sempre vai aparecer alguma surpresa. Mas a rotina é mais ou menos esta: acordo, rezo, trabalho em várias coisas e, a partir das 9h30, vou da residência de Santa Marta para o palácio do Vaticano, onde fica meu escritório, para o início das audiências.

Volto às 13h, almoço, descanso um pouquinho, e à tarde normalmente assino documentos, tenho novas audiências e rezo um pouco mais. À noite, janto. Quando estou no Vaticano, é um trabalho atrás do outro, mas faço tudo isso em paz. Alguns desses trabalhos são cativantes! Eles me encantam, porque me sinto próximo das pessoas e compartilho um pouco de suas vidas. E isso é bom.

Há dias, porém, em que tenho que sair. Ontem, por exemplo, fui a uma reunião com "escolares". Outras vezes vou a alguma paróquia ou diocese. Na verdade, varia muito. E não ficamos entediados. Não podemos nos entediar!

Qual é seu livro ou poema favorito? (Wivine, Bruxelas, Bélgica)

Um poema... Sabe, tenho um lado melancólico, e gosto muito de repetir para mim mesmo um poema francês que reflete bem o meu coração quando ele está melancólico. É de Verlaine: "Os soluços graves dos violinos suaves do outono ferem a minh'alma num langor de calma e sono"[1].

Mas um livro? Sei lá, gosto de muitos livros... Gosto dos clássicos. Entre eles, o meu favorito é, com certeza, a *Eneida*. Também li muitos autores modernos. Mas os clássicos me formaram. Há um outro poeta francês de que gosto muito, Baudelaire, e suas *Flores do mal*. Mas existem muitos outros.

Quanto o senhor ganha? Qual é o seu salário? (Chandni, Calcutá, Índia)

Eu não ganho nada. Nada, nada! Eles me alimentam e quando eu preciso de alguma coisa, eu peço. As pessoas

1 Trecho do poema *Chanson d'automne*, de Paul Verlaine. O trecho foi traduzido por Alphonsus Guimarães ainda no século XIX.

sempre dizem sim para mim, na verdade. Ninguém quer brigar com o Papa! Se eu preciso de sapatos, eu peço. É lindo, porque quando você é "protegido" dessa maneira, como é o meu caso, pode ficar com os bolsos vazios. Por outro lado, quem não tem esse privilégio tem que ter sempre algum dinheiro no bolso, porque sua dignidade vai depender disso.

Minha pobreza é fictícia, porque nada me falta. Mas ainda é um pouco absurdo eu ter que pedir. Por mais que isso não seja mendigar, tenho que pedir tudo: "Preciso deste remédio ou de outra coisa". Isso me torna um pouco menos autossuficiente.

Que tipo de comida o senhor come? (Christian, França)

Até três anos atrás eu comia de tudo. Agora, infelizmente, estou com um problema intestinal grave, diverticulite aguda, e tenho que comer arroz, batata cozida, peixe grelhado ou frango. Simples, simples, simples…

Quantos irmãos e irmãs o senhor tem? (Shalini, Calcutá, Índia)

Éramos cinco, três meninos e duas meninas. Os do meio, dois meninos e uma menina, morreram. Eu sou o mais velho e minha irmã mais nova ainda está viva. Ela nasceu em 1948, tem setenta e três anos; eu, de 1936, oitenta e cinco anos, ou quase.

O senhor tem sobrinhos? (Loïc, França)

Eu tenho dezesseis, eu acho, porque meus irmãos eram muito férteis! O segundo foi casado duas vezes, na primeira vez ele teve quatro filhos, depois se divorciou, casou-se mais uma vez e teve outros quatro. Oito ao todo.

O senhor tem alguma notícia deles? Fala com eles? (Manoli, Espanha)

Sim, sim! Sempre telefono para minha irmã, aquela que ainda está viva. Ela é a única que me viu como Papa.

Quais são seus momentos favoritos? Aqueles de que o senhor mais gosta, em que relaxa, que vive com paixão? (Serge, Nantes, França)

Para mim, o que me faz bem, me "descontrai" e me acalma é ouvir música. E mais precisamente, Wagner.

O senhor não assiste futebol? (Loïc)

Não. Eu gostava de ir ao estádio, mas ouvir os jogos no rádio ou ver na televisão, não, não gosto disso...

Desculpe, padre, vou ser um pouco indiscreto, mas o senhor já teve alguma namorada? (Armano, Huechuraba, Chile)

Claro que sim! Antes de entrar no seminário. Éramos um grupo de jovens que ia dançar todo final de semana.

Papa, qual é o seu modelo de carro favorito? (Agustín, Huechuraba, Chile)

Não sei muito sobre carros. Mas gosto do eu que tenho, um carro utilitário. Esse é o que eu uso!

O senhor ainda dirige? (Loïc)

Não mais. Sofri um acidente... não me aconteceu nada, graças a Deus. Eu dirigi até uma cidade a 250 quilômetros de Buenos Aires, cinco horas de viagem, para uma ordenação sacerdotal. Quando essa ordenação acabou, disse para mim mesmo: "Não vou comer lá porque vai me dar sono". Então acabei indo embora. Enquanto eu dirigia, começou a chover e a certa altura o carro derrapou. Eu tinha um pouco mais de cinquenta anos e pensei: "Quando minha licença vencer, não vou renovar". Parecia que o acidente era um sinal.

O que o senhor faz com os carros que lhe dão? (Christian)

Na verdade, já me deram vários, alguns para minhas viagens oficiais. Acabei vendendo todos. Eu vendo muitos dos presentes que ganho. Deixo passar um tempo e depois vendo e doo o dinheiro para a Capelania Pontifical, onde organizam o apoio para as ações contra a pobreza e a marginalização.

O que o senhor mais admira nas pessoas? (Jéssica, Salvador da Bahia, Brasil)

A simplicidade e a transparência. Que as pessoas se mostrem como são e sejam simples. É assim que eu gostaria de ser, porque às vezes tenho que fazer diplomacia, ou seja, não ser simples. A simplicidade me seduz e quando vejo pessoas simples e transparentes me sinto bem.

Mas, sendo o papa, o senhor consegue se relacionar de maneira simples com as pessoas? Não é difícil? (Loïc)

Ajuda bastante viver nesta residência em Santa Marta. Dois dias depois de minha eleição, fui visitar o apartamento papal. É um exagero! Não é luxuoso, mas é lindo. Aí eu pensei: "Não vou morar aqui sozinho". A entrada é uma porta, mas o verso dessa porta é um funil. Continuei então a morar aqui. Isso me ajuda muito.

O senhor é um exemplo de simplicidade, da maneira como é. (Loïc)

Não acredite nisso, não acredite! Os pecados escondidos são os piores de todos.

Qual é seu esporte favorito? (John Carlo, Kabatan, Filipinas)

Futebol! Mas eu não jogo. Além disso, quando eu era jovem, sempre me colocavam no gol, porque eu jogava muito mal. Eles falavam que eu tinha dois pés esquerdos e me mandavam direto para o gol.

O que o senhor faz em tempos de incerteza? (Ian, Manila, Filipinas)

Nesses momentos sou tentado a acabar logo com isso. Mas eu paro, ou pelo menos tento parar. Porque às vezes fico preocupado e quero sair dessa. E quando faço isso, as coisas dão errado. Então procuro parar e tirar um tempo para refletir sobre as coisas, para me aconselhar com as pessoas, para rezar, para deixar passar alguns dias e ver no que dá... Ler um documento hoje e voltar a ele novamente no dia seguinte. Devagar. É mais ou menos como as galinhas fazem quando chocam os ovos: elas os viram todos os dias para cuidar deles. Quando tenho incerteza sobre uma decisão que devo tomar, é preciso virar e revirar as coisas até decidir.

Quem é o seu modelo? E que qualidades o senhor vê nessa pessoa? (Um homem pobre, Delhi, Índia)

Ora, tenho muitos modelos... Pessoas que são coerentes naquilo que pensam, que sentem e que fazem. Pessoas que fazem o que dizem. Tenho dificuldade com a "diplomacia". A palavra vem do grego *diplo* ou *duplos*, que significa "duplo". A pessoa que tem um coração diplomático tem, de certa forma, um coração duplo. Não estou falando aqui da profissão de diplomata, que é uma profissão nobre, mas de pessoas duplas, que agem com duplicidade.

Quais são seus defeitos? (Marie, Angers, França)

Sou rabugento. Como dizer? Impaciente... Às vezes eu respondo rápido demais. Às vezes eu penso que sou superior aos outros, outras vezes eu não tenho paciência. Todas essas falhas estão ligadas a um sentimento de autossuficiência, que tem uma raiz muito amarga, muito feia, que devo monitorar o tempo todo.

E o que o senhor está fazendo para lutar contra isso? (Pierre, França)

Um pouco de autocontrole, ascetismo, oração. Além disso, eu me analiso muito, porque às vezes tomo algumas decisões precipitadas, por causa desse sentimento de autossuficiência, quando deveria ter consultado outras pessoas, deveria ter pedido conselhos...

O senhor é o chefe da Igreja, por isso deve ser difícil ter esse distanciamento. (Loïc)

O Papa é um pobre sujeito... O Papa é um homem comum, que tem os mesmos problemas que qualquer outra pessoa. É por isso que eu tenho de largar a mitra e dizer: "Eu, diante de ti, Senhor, sou um homem". Depois eu coloco a mitra de novo e digo o que preciso dizer.

Para quem o senhor se confessa? (Alicia, Salvador da Bahia, Brasil)

Confesso-me com o Padre Manuel. Ele é um franciscano, telefonou-me hoje, aliás. A cada duas semanas ele me liga e diz: "Já se passaram quinze dias". Aí ele vem até aqui e eu me confesso. Ele se chama Manuel Blanco, é espanhol. É o chefe de uma das comunidades franciscanas de Roma. E como todos os franciscanos, ele é bastante "espontâneo". Me perdoe! (Risos.)

É esse o homem que melhor conhece o Papa? (Pierre)

Sei lá. Talvez...

O senhor chora durante a confissão? (Christian)

Não... Na minha vida, às vezes, eu até tive o dom das lágrimas, mas agora confesso que estou seco, e que faz falta, porque o dom das lágrimas é realmente uma dádiva que devemos pedir. Eu sempre peço por esse dom, mas neste momento o Senhor não me concede. Talvez porque eu não mereça. Rezar e chorar são graças.

Tenho na minha mesa a foto de uma pintura, *Os soluços de Pedro*, na qual Pedro chora depois de trair Jesus. Ela me faz lembrar dessa graça. Existe uma oração muito bonita que diz: "Tu que fizeste sair água da pedra quando Moisés a golpeou, faze correr lágrimas do meu coração de pedra". É uma linda oração litúrgica, que podemos usar durante uma missa para pedir o dom das lágrimas.

Já lhe contaram alguma coisa que o emocionou e o marcou para o resto da vida? (Emma, Grand Baie, Maurício)

Sim, muitas coisas me marcaram, em diferentes momentos. Acima de tudo, aqueles que são mais humanos, que estão mais comprometidos com a generosidade... Uma coisa que vi e que sempre me emocionou muito foi a fila das mulheres em frente às prisões, quando elas vão visitar seus filhos ou maridos. Eu passava de ônibus e elas estavam lá. Eu via a lealdade nelas. Elas ignoram a vergonha, ficam ali na porta e todo mundo sabe que são mães ou esposas de um preso. Isso não importa para elas. Lealdade. Isso me tocou por dentro e me ajudou muito... muito.

Qual é o seu sonho? (Rute, Chennai, Índia)

Eu sou sonhador. É verdade! Alguns dias me pego sonhando com coisas: como seria lindo! Como seria bom...! E acho que é bom sonhar, mas com os pés no chão. O coração que sonha, mas os pés ficam na terra.

E à noite, o senhor sonha? (Christian)

Às vezes, mas nem sempre.

Seus sonhos já se tornaram realidade? (Christian)

Não, não. Quando eu sonho, é sempre sobre coisas que já aconteceram, histórias antigas. Sonho com minha família, com meus amigos...

2

"Não se esqueça dos pobres"

Por que o senhor escolheu o nome Francisco? (Peterson Feliz, Salvador da Bahia, Brasil)

Fui eleito papa na noite de 13 de março de 2013. Até o meio-dia eu não imaginava que eles fossem me escolher, mas enquanto eu almoçava, várias coisas inusitadas me davam a sensação de que realmente estavam pensando em me eleger.

É certo que durante os primeiros turnos de votação houve votos para mim, mas esses são os votos que damos a um ou outro antes de finalmente a votação ficar mais clara e se determinar um nome, e, por isso, não percebi nada. Comecei a perceber nos dois últimos turnos de votação, no penúltimo era quase certo, mas ainda faltavam alguns votos. No último, eu "saí".

Rezei meu terço e pedi luz, em muita paz. O Cardeal Hummes, um franciscano brasileiro, estava ao meu lado quando fui eleito. Então ele me abraçou e disse: "Não se esqueça dos pobres". E eu repetia para mim mesmo: "Os pobres, os pobres...” Foi aí que surgiu o nome de Francisco, *il Poverello*[1].

Se Jesus me escolheu, e eu sei que ele me escolheu para ser testemunha de sua Ressurreição, por que ele escolheu o senhor? (Rita, Kansas, Estados Unidos)

Não sei... seria como perguntar ao burro que levou Jesus a Jerusalém: “Por que ele o escolheu para montar em você?” Essas coisas são misteriosas. Não fiz uma campanha, não subornei ninguém, não tenho grandes habilidades acadêmicas, sou velho... enfim, um verdadeiro burro!

Quando o senhor recebeu o chamado de Jesus para se tornar papa, qual foi o seu primeiro pensamento? (Felipe, González Catán, Argentina)

Não me lembro desse momento exto. Em momentos como esse não se consegue pensar em nada...

Por quê? O senhor estava com medo ou estava calmo? (Sybille, França)

Estava sereno. Eu não sentia medo algum. Estava tranquilo.

Comovido? (Sybille)

Secretamente...

E os cardeais, seus colegas? O que eles fizeram naquele momento? (Pierre)

Eles aplaudiram, porque era uma coisa a menos para eles se preocuparem!

---

1 Em italiano “o pobrezinho”.

Como o senhor preparou o seu discurso na Praça São Pedro, logo após sua eleição? (Pierre)

Foi espontâneo. Nessa situação, não há tempo para pensar. Você é convidado a prestar juramento, seu nome é perguntado, e aí você tem que vestir a batina branca, cumprimentar os cardeais e, depois de um breve momento de oração na capela Paulina[2], não tive tempo para pensar. Mas sempre me ajuda muito na pregação deixar meu coração falar.

Quem o senhor contatou primeiro quando descobriu que havia sido eleito papa? (Clotilde, Nantes, França)

Primeiro Bento XVI. Depois o núncio da Argentina, para que ele avisasse as pessoas, depois os bispos, para que não viajassem e dessem o dinheiro dessa viagem aos pobres. Essas foram minhas primeiras ligações.

E os bispos cumpriram esse pedido? (Loïc)

Bem... alguns, sim. No entanto, três vieram a Roma, acreditando que o Papa era mais importante que os pobres; esses três precisam se converter!

E sua família? (Loïc)

Liguei para a minha irmã, a que sobrou, mas que não veio; meus sobrinhos, dos quais vieram três, além de um de meus primos.

O que eles lhe disseram? (Loïc)

---

2 A capela Paulina, que fica ao lado da Sistina, é fechada ao turismo. Ela é usada para as orações particulares dos Papas e para um ritual após a eleição papal e antes de sua bênção na Praça de São Pedro.

Que estavam felizes, o que pude compreender; os papas sempre foram europeus. Então, que um papa venha do fim do mundo...

Depois da eleição, durante o jantar aqui em Santa Marta, eles me pediram para fazer um brinde. Eu disse aos cardeais: "Que Deus os perdoe!" Mas foi uma piada...

Por que o senhor se veste de branco? O que isso significa? (Marie-Odile, Lyon, França)

O papa poderia se vestir de qualquer cor até o pontificado de São Pio V, um dominicano que decidiu manter o hábito de sua ordem. É daí que vem a tradição de vestir roupa branca. Mas não uso sapatos vermelhos nem calças brancas. Dois dias depois da minha eleição, me disseram: "Santo Padre, o senhor deve usar calças brancas". Eu disse a eles: "Não sou sorveteiro!"

Santo Padre, a cor branca representa o sofrimento de Cristo? (Christian)

Não necessariamente, não. A razão dessa cor é essa que eu disse. É uma razão histórica, nada mais.

Como o senhor explica para as pessoas que elas não deveriam adorá-lo? Existem aqueles que o adoram como se fosse um Deus! (Mary Joy, Taguig, Filipinas)

Quando as pessoas começam a me elogiar, sinto-me desconfortável, porque sei que não é verdade. O que me faz bem é a proximidade com as pessoas, que, portanto, não deveriam me transformar em uma espécie de divindade e muito menos me adorar.

Proximidade... Sobre esse tema, tenho que abrir um parêntese. Muitas vezes me perguntei qual é o jeito de Deus. A leitura das Escrituras me ajuda a conhecer esse estilo: proximidade, compaixão, ternura. Deus é assim.

E o senhor? (Christian)

Eu tento... Mas para mim não é tão simples!

Papa Francisco, é muito difícil governar a Igreja? (Daniel, Salvador da Bahia, Brasil)

Bem, existe uma graça imensa aí. Tenho fé na existência do Espírito Santo e em sua presença no povo santo de Deus, o povo dos batizados: todos são filhos de Deus, escolhidos por Jesus, e todos receberam a unção do Espírito Santo. Sim, tenho fé no povo santo de Deus. A esse povo pertence um bispo, a eles pertence um cardeal, um simples batizado também. Somos todos parte do povo santo de Deus.

E há outra coisa que a Igreja defende e que é um consolo para mim: o povo santo de Deus em sua totalidade é infalível *in credendo*. Quer dizer, não pode se enganar quanto ao caminho que deve seguir, porque a unção do Espírito Santo é como o faro das ovelhas para encontrar os prados certos. Quando penso nos pastores da Igreja, digo a mim mesmo que eles não podem permanecer sempre no mesmo lugar; às vezes o pastor tem que estar à frente de seu rebanho para mostrar o caminho, às vezes deve estar no meio deles para sentir melhor suas ovelhas, às vezes deve ficar atrás para cuidar daquela que demora e deixar o rebanho ir sozinho e assim ver melhor como encontra os bons prados, com o faro da fé.

E o que o senhor diz àqueles que afirmam acreditar em Deus, mas não na Igreja? (Loïc)

Isso é muito comum e, infelizmente, isso é culpa de alguns padres e bispos. O próprio Papa às vezes dá um mau testemunho de sua fé e afasta as pessoas da Igreja. Nesses casos não existe mais proximidade, porque não existe compaixão. Somos todos pecadores e a falta de proximidade, de compaixão e de ternura é culpa do pecador.

Vou contar uma coisa que aconteceu com um padre há alguns meses. Ele estava realizando o funeral de uma mulher. O filho dela era um grande empresário, tinha muito dinheiro. Depois do funeral, aproximou-se do padre e perguntou: "Quanto é?" O padre não disse nada. O homem repetiu a pergunta, mas o padre não respondeu. Aí o empresário abriu a carteira, tirou uma nota grande e disse: "Ah, agora eu entendi o que tenho que lhe dizer: 'Aqui, isso é para os seus pobres'". O padre então quebrou o silêncio: "Muito obrigado, mas me faça um favor. Estou muito ocupado hoje, portanto procure uma pessoa pobre e lhe dê você mesmo o dinheiro". O empresário se surpreendeu: "Que tapa na cara! Vou ter que voltar e ver o senhor".

Esse homem talvez tenha tido más experiências com alguns sacerdotes, por isso foi cultivando uma ideologia ateia. Ficou petrificado com esse testemunho de fé. O testemunho é a chave para um cristão. Sem ele, o amor de Deus é impossível. Vocês mesmos dão testemunho aqui. Vocês testemunham que alguns "loucos" podem procurar saber o que pensa o Papa, como fala com os pobres etc. E eu agradeço a vocês por isso, porque esse testemunho, se assim posso dizer, dá testemunho de mim. Vocês são cabeças duras! E isso é uma coisa boa.

Que futuro o senhor vê para a Igreja? (Michael, Lyon, França)

A Igreja deve viver no presente, apoiada pelo passado, pela tradição. Viver no presente é crescer, é fazer avançar a tradição cristã. Alguns consideram a tradição um museu, mas a tradição é a garantia do futuro, não um amontoado de coisas antigas. Sem tradição não há futuro para a Igreja, porque a seiva vem das raízes. "Tradição", escreveu alguém, "é a fé viva dos mortos; por outro lado, o tradicionalismo é a fé morta de algumas pessoas vivas"[3].

As verdades da Igreja não mudam com a história, mas amadurecem. Hoje, por exemplo, podemos afirmar que a pena de morte não é de forma alguma moral, enquanto há dois séculos cortávamos alegremente a cabeça das pessoas, certo? E as pessoas chegaram ao ponto de dizer que era para a glória de Deus! Hoje podemos dizer que não há nada de moral nas bombas atômicas, ao passo que há não mais de cinquenta anos não o dizíamos, porque não tínhamos alcançado uma compreensão total do fato atómico. Então, como você pode ver, continuamos crescendo.

Havia no século V, no sul da França, um monge que escreveu sobre a tradição na Igreja; ele disse que ela "amadurece com os anos, consolida-se com o tempo e seu significado se enriquece com a idade"[4].

Porém, é sempre na mesma verdade que ela repousa. Cabe a nós seguir essa direção. O futuro da Igreja será o crescimento de sua tradição.

---

3 Jaroslav Pelikan. *La tradition chrétienne*. Paris, Puf, 1994.

4 Vincent de Lérins (?–450), Commonitorium primum, 23, 9.

Existe um papel para os leigos nesse futuro da Igreja? (Loïc)

Sim.

Como o senhor vê a Igreja daqui a vinte ou cinquenta anos? (Pierre)

Não sei e não cabe a mim tentar adivinhar. Eu a imagino em parte semelhante e em parte diferente, porque, como já disse, a tradição pode trazer novos desenvolvimentos, feitos de novas maneiras. Mas que permanecerão sendo, em essência, os mesmos, e é por isso que o pecado do tradicionalismo é querer impedir que as coisas se desenvolvam. Quanto ao pecado do progressismo, é querer que as coisas se desenvolvam sem tradição, sem raízes.

Quando o senhor encontra um alivio para o estresse que seu cargo gera? (Peter, Sydney, Austrália)

Creio que o alívio que encontro no trabalho pastoral vem de longe. Está em grande parte no próprio trabalho. É claro que se tenho que estudar uma questão mais a fundo, isso me cansa; mas depois vem o diálogo pastoral, a celebração da missa, os sacramentos, e isso é também um descanso. E depois a oração. Imagine só, às vezes adormeço durante uma oração! Cochilo na frente do sacrário e ele me entende…

Por que o senhor continua amando aqueles que não o amam e como consegue fazer isso? (Timothée, Salvador da Bahia, Brasil)

Quem lhe disse que eu amo quem não me ama? (Risos) É mesmo uma de minhas dificuldades tentar não guardar ressentimento, isso é difícil para mim. Tenho que orar e recusar o pensamento que diz coisas como: "ele fez isso comigo, eu faço aquilo com ele". Mas, na verdade, isso me é difícil.

Como o senhor sentiu o chamado para se tornar sacerdote? (Françoise, Angers, França)

Disso nunca vou me esquecer. Foi no dia 21 de setembro de 1953. Na Argentina, 21 de setembro é o Dia do Estudante e eu me preparava para fazer um piquenique com alguns colegas. Passei em frente à igreja de San José de Flores e entrei. Eu já era católico. Estava estudando química porque queria ser médico. Então entrei e vi um padre que não conhecia. Ele se sentou no confessionário e eu senti de repente uma vontade de me confessar. Não sei o que aconteceu nem quanto tempo durou essa confissão. Mas me levantei, fui para casa e aos poucos percebi que Deus estava me chamando. Continuei com minha vida normal, escola, amigos, trabalho matinal no laboratório... Mas em 1956, três anos depois, entrei no seminário. Eu tinha vinte anos.

Quero dar testemunho desse sacerdote, esse que eu não conhecia. Ele veio da província de Corrientes e, antes de ser padre, foi ator de teatro. Estava em Buenos Aires para tratar de uma leucemia. Dez meses depois de nos conhecermos, ele morreu. Foi ele que me guiou, foi ele que me ajudou. Na verdade, continuei a visitá-lo. Depois de seu funeral, fui para casa e chorei, chorei. Senti uma angústia muito grande, um sentimento de abandono. Sempre me lembrarei dessas lágrimas. Depois, as coisas foram devagar, mas a certeza nasceu nesse dia 21 de setembro de 1953. A certeza de uma dádiva.

É a isso que se refere o seu lema, miserando atque eligendo ("olhou-o com misericórdia e o escolheu")? (Pierre)

Sim! Porque 21 de setembro também é dia de São Mateus. Ora, existe um breviário, um extrato do Venerável Beda, que trata da conversão de Mateus e diz que Jesus o escolheu *miserando atque eligendo*, ou seja, que o elegeu com misericórdia, com olhar de misericórdia. É assim que me sinto comigo mesmo, nessa misericórdia que sempre me acompanha, graças a Deus.

Papa Francisco, nesse tempo de descoberta, houve algum momento em que o senhor quis abandonar o caminho do Senhor e voltar ao mundo? (Patrícia, Huechuraba, Chile)

Sim, sim. Durante meus estudos, passei por dois períodos muito sombrios. Não duvidei de minha vocação, mas me perguntei se iria conseguir colocar em prática. Uma vez duvidei porque desconfiei de minha saúde física. Isso foi em 13 de agosto de 1957, quando tive que passar por uma cirurgia de emergência por causa de um problema pulmonar. Perguntei-me se teria forças para continuar. Esses momentos de dúvida, porém, me foram úteis mais tarde, para ajudar outras pessoas.

O senhor pode nos contar sobre um momento de sua vida em que experimentou uma graça inesquecível e outro momento em que pensou que nunca mais voltaria para Deus? (Membro do Cenáculo, Ars-sur-Formans, França)

Pois bem, contei-lhes o primeiro momento, 21 de setembro de 1953. Quanto ao segundo, não é que eu pensasse que não pudesse mais acreditar em Deus, mas na verdade aconteceu de eu me perguntar: "Onde está Deus?" Foi uma experiência difícil e muito obscura. Tudo pareceu escurecer. Isso pode ter acontecido durante meu exílio de Buenos Aires, na Alemanha e depois em Córdoba, na Argentina. Tempos muito difíceis, sim, muito sombrios. Nem sempre estive nessa escuridão, mas ela passou por mim. Senti-me mal comigo mesmo. Rezei, coloquei-me nas mãos de Deus, pedi perdão, deixei-me ajudar por ele.

O senhor está ocupando o lugar do Apóstolo Pedro nesta terra. O senhor sente a presença de Cristo todos os dias? Se sim, como conta aos outros sobre isso? (Artin, Teerã, Irã)

Muitas vezes, Jesus é o grande ausente. Eu não o sinto sempre, mas nos momentos mais difíceis ele está comigo. Aí eu sinto uma espécie de segurança interior, a sensação de que ele não pode fazer falta. Por exemplo, em momentos de pecado, porque experimentei momentos de pecado em minha vida como sacerdote. Eu me perguntei: "Como o Senhor me perdoará?" Sua mão sempre esteve lá. Esses momentos me ensinaram que o perdão nunca deve ser negado a ninguém.

Sempre temos medo – abro aqui um parêntese – de lidar com o pecado. Todos dizemos "sou pecador", mas quando sentimos que cometemos um grande pecado e, portanto, somos realmente pecadores, a vergonha vem. Por outro lado, é nesse momento que temos que confiar na misericórdia de Jesus e se deixar elevar pelo Senhor. Essa atitude me ajudou muito em tempos de pecado.

O que a parábola do pobre Lázaro e do rico mau inspira no senhor? (Pierre)

Na parábola onde Jesus fala de Lázaro, ele é o único

que tem nome. Nosso pai Abraão também tem nome, mas os outros são designados por adjetivos, não têm nome: os ricos, os que foram ao banquete, aqueles aos quais nada falta... Todos "têm" adjetivos. O cachorro, também não sabemos qual era o nome dele. Então, essas são apenas pessoas que não têm nomes. O único que tem nome é Lázaro. Para mim, Lázaro significa a oferenda. A oferenda da humanidade, do que ela tem de melhor, a consciência de que temos limites. E um desses limites é o desprezo, a pobreza, ser deixado de lado. É por isso que Lázaro, para mim, significa a capacidade de uma pessoa receber um nome. Eu me pergunto: onde está Lázaro em mim, aquele que trago dentro de mim, o autêntico? É a busca do próprio nome dentro do limite. E é curioso: geralmente, quando estamos no limite, na margem das coisas, por assim dizer, conseguimos encontrar o verdadeiro nome que temos. Isso é o que Lázaro significa para mim.

Qual é seu maior desejo como papa? (Eugène, Porto Príncipe, Haiti)

Eu diria espontaneamente: "ser um bom sacerdote". Nunca havia me feito essa pergunta, mas minha resposta vem do coração.

3

“A riqueza não pertence a eles”

Santo Padre, como o senhor define a pobreza? Para o senhor, quem são os pobres? (Dolly, Antoura, Líbano)

Os pobres são todas as pessoas que vivem à margem da sociedade que criamos. São todos aqueles que estão à margem do afeto, que se sentem excluídos de uma comunidade afetiva. É aquele que sua família excluiu de casa porque era um fardo, ou porque era velho ou sem recursos. Ou seja, qualquer pessoa que, de uma maneira ou de outra, está *afetivamente* apartada da sociedade. Não digo “efetivamente”, mas sim “afetivamente”.

Como defino pobreza? É uma palavra bastante abstrata. Alguém que considero pobre, eu vejo e sei que é pobre. Mas eu poderia, sem dúvida, definir a pobreza como uma carência geral: falta de bens, falta de afeto, falta de integração, falta de respeito... E os pobres também servem de bodes expiatórios.

Mas o senhor não acha que quem tem mais recursos é também o mais pobre? (Ricardo, Espanha)

Isso é óbvio, porque quem tem mais é também mais apegado ao que tem. Entre as pessoas que têm dinheiro, porém, algumas o administram muito bem em favor de outras. Pode não haver muitos, mas existem. Há também alguns que são pobres na relação com o dinheiro, não desperdiçam aqui e ali. Poderíamos dizer que são os gestores de um banco de caridade. No entanto, para mim é claro que quem tem muito dinheiro para si não é pobre. É antes um "pobre homem" ou uma "pobre mulher".

Há alguns anos, vivia em Buenos Aires o presidente de uma grande associação que reunia instituições bancárias e industriais muito poderosas. Esse homem era coberto de ouro. Ele se preparava para a morte porque ficou sabendo que tinha um câncer e que lhe restava pouco tempo de vida. Uma semana depois, ao receber grandes dividendos, comprou uma vila na Suíça, só para ostentar. É muito triste terminar a vida assim.

Outro caso: eu tinha um parente bastante rico que era mesquinho, mas muito mesquinho! Existe uma maneira de ser rico sem ter uma grande fortuna, é só ser mesquinho no uso do dinheiro, guardar tudo para si como um avarento. (O Papa esboça o gesto.) Era tão mesquinho que sua própria mãe só podia tomar um iogurte de manhã e um à noite. Era casado, mas sua mãe vivia com eles. Uma outra mulher cuidava dela, e imaginem que ela tinha direito só a metade de um iogurte pela manhã e a outra metade à noite.

Eu tinha alguma proximidade com esse homem, já que ele era parente, mas quando morreu não fui ao velório. Era impossível para mim. No dia seguinte, liguei para uma prima e perguntei: "Você foi?" Ela respondeu que sim e acrescentou (cito): "aconteceram algumas complicações no último momento, não conseguimos fechar o caixão." "Ah, é? Por quê?", perguntei. "Porque ele queria levar tudo com ele!" Que irônico, não é? Mortalha não tem bolsos... E nunca vi um caminhão de mudanças seguindo um cortejo fúnebre.

Em suma, há pessoas ricas que são realmente pobres. Por outro lado, há pessoas que sabem que a riqueza não lhes pertence e que são apenas banqueiros de Deus, como os chamo. Deus só permite que a riqueza passe por eles. Também poderíamos nos perguntar o que é o dinheiro. Um dos primeiros padres da Igreja disse que o dinheiro era a "merda do diabo". Mas desculpem, estou divagando...

Que missões o senhor dá a nós, pobres? O que podemos fazer? (Marie, Paris, França)

Há tanta coisa que você pode fazer... É verdade que existe um mundo sem pobres, mas ele está lá em cima. Todos seremos ricos nas riquezas de Deus. O mundo aqui embaixo é construído na luta entre a riqueza e a pobreza, a justiça e a injustiça. Temos que lutar para acabar com a pobreza material, pela justiça, para que cada homem e cada mulher tenha trabalho, pão, educação. É preciso lutar...

No entanto, nesse mundo saturado de injustiça, de arrogância, de ditaduras, onde a ditadura particular da exclusão e da segregação está cada vez mais generalizada por todos os lados, sempre vão existir pobres. Sempre haverá pobres com você – e esse é o lugar de encontro com Jesus. Jesus está com eles, Jesus está neles; não porque são pobres ou porque vivem na pobreza, mas porque ele mesmo escolheu ser pobre para começar a sua caminhada entre os excluídos, entre aqueles que não contam, que não aparecem. Essa foi uma maneira que ele encontrou de nos mostrar o caminho de Deus. Um caminho que não nasce nem da exclusão nem da segregação, mas de mãos estendidas que se erguem, que curam, que devolvem a dignidade a todos os que caíram. Não podemos ir ao encontro do Senhor negligenciando o encontro com os outros, especialmente com os menos favorecidos. Jesus está nos pobres e os pobres estão no centro do Evangelho. Já não sei quem disse esta frase: "Os pobres são a verdadeira riqueza"[1]. A riqueza da Igreja, a riqueza da sociedade, são todos aqueles que nos chamam à eternidade; todos aqueles que, na carência em que vivem, nos fazem ver nossa própria carência, que tentamos esconder sob o bem-estar e a riqueza material. Foi disso que me lembrei enquanto falava com você. Tudo isso pode ser discutido! Só estou dizendo o que acredito.

Quando convivemos com pessoas pobres, percebemos que, quando dizemos a elas "Preciso de você", elas ganham um novo ímpeto. Como podemos dizer isso? Como é que o mundo pode pedir sempre mais a elas? (Loïc)

Tudo depende do espaço que temos para a palavra. Mas você também pode falar por meio de um olhar ou de um gesto de carinho. Às pessoas que confesso pergunto se dão esmola aos pobres. Para quem me diz não, pergunto "e por meio do olhar?"; aos que respondem sim, pergunto se olham nos olhos do pobre. Eles não entendem do que es-

1 Francisco evoca uma ideia que remonta ao século III, pronunciada pelo diácono e futuro mártir Lourenço no reinado do imperador Valeriano.

tou falando. No entanto, o primeiro passo para fazer uma pessoa voltar a se sentir importante é olhá-la nos olhos. Pergunto então se, quando dão esmola, tocam a mão do pobre e se não a retiram com muita pressa. (*O Papa esboça o gesto.*) Pergunto também se têm essa ternura de olhar e de gesto, porque essas duas coisas são muito importantes.

Será que elas perguntam "Como você está?", "Você precisa de mais alguma coisa?", "Como posso ser útil para você?" Isso importa muito também, muito mais que uma declaração de amor do tipo "Você é muito importante para mim", porque as pessoas não vão acreditar em você. Se, por outro lado, você faz com que as pessoas sintam, por meio de todos esses gestos, que a pessoa com quem você fala é uma pessoa, então elas vão sentir que você é um verdadeiro interlocutor. É preciso ter muita coragem para olhar nos olhos de um pobre, porque a culpa também é nossa e ela se reflete nesse olhar. É preciso coragem para tocar a mão de um pobre e dizer a ele que isso é uma bênção para nós. Mas muitas vezes falta essa coragem.

Santo Padre, o que o senhor sente quando vai a bairros onde há muitos pobres? E pelo contrário, quando vai a bairros ricos? (Paulina, Bogotá, Colômbia)

Procuro ser igual para todos quando estou na igreja ou saúdo os fiéis, mas o fato é que sempre me senti mais à vontade nos bairros e subúrbios mais pobres, porque a relação humana é mais direta. Tudo é menos sofisticado nesses lugares. Muitas vezes percebi também que, em algumas paróquias, há pessoas que têm recursos econômicos e que, no entanto, vivem uma vida muito simples, porque são verdadeiros cristãos. Sinto-me naturalmente bem onde as pessoas são autênticas e prestam serviço aos outros; onde há duplicidade, como já disse, não gosto. Sinto-me muito mais à vontade, desde o primeiro contato, com os pobres, desde que não sejam prisioneiros de uma ideologia. Uma coisa que nossa pregação deve evitar é levar as pessoas a essa situação. Fazer da pobreza um argumento ideológico é uma coisa muita séria.

Nos bairros onde vivem pessoas modestas, aprendemos a ver que famílias inteiras carregam sua pobreza com grande dignidade. Instrumentalizar a pobreza, desviar o problema em benefício de um discurso ou posição ideológica, é outra maneira de não respeitar sua dignidade.

Os ricos entendem os pobres? Eles sabem o que é ser uma pessoa pobre? (Christian)

Se o coração dos ricos for pobre, sim. (Risos.) Porque um homem pode ter dinheiro e ter o coração de um homem pobre, como já disse. Mas se seu coração não for pobre, então ele não pode entender aqueles que são...

Papa Francisco, para onde vai o dinheiro do Vaticano? (Rodrigo, Huechuraba, Chile)

Ele paga as dívidas. Porque Deus é muito bom, realmente muito bom. Assim, quando uma congregação ou instituição religiosa não é pobre – embora devesse ser – e usa mal o dinheiro, Deus geralmente envia um mau administrador que causa desastres e falência. O dinheiro do Vaticano – ou o dinheiro que o Vaticano deveria ter – deve ser destinado a boas obras e ao apoio à proclamação do Evangelho. E em parte é. Mas se você ler os jornais, vai saber sobre um julgamento iminente contra treze pessoas do Vaticano que foram acusadas de fraude e outros crimes financeiros[2]. Não é a primeira vez que acontece, mas me dói muito saber que homens da Igreja, padres, bispos, cardeais, andam por aí em carros de luxo e, em vez de darem exemplo de pobreza, dão o mais negativo dos testemunhos. Ainda que exista muita gente pobre no Vaticano, cardeais, bispos, é a imagem de luxo que predomina. O Vaticano tem que viver uma conversão constante para não cair nos artifícios da riqueza e do poder.

Parece que tudo isso está estabelecido há muito tempo e que o senhor herdou uma situação muito difícil. (Diana, Colômbia)

Também tenho meus pecados e pago minhas próprias dívidas.

Sim, acredito que sim e concordo plenamente! (Diana)

Veja só, essa colombiana é corajosa! Gostei do que ela acabou de dizer!

Mas me diga, Diana, você entendeu para onde vai o dinheiro do Vaticano? Nas missões africanas, por exemplo, apoia hospitais e escolas. É verdade que o Vaticano não é pobre, mas ainda existem padres, bispos e cardeais pobres.

Sim, entendo bem. O que quero dizer é que vivemos em uma época em que o dinheiro se tornou um Deus. É por isso que seu papel me parece muito difícil. (Diana)

---

2 O Papa fala da operação imobiliária, em Londres, realizada pelo Instituto para as Obras de Religião ou Banco do Vaticano, que envolveu membros superiores da cúria. Esse esquema foi denunciado pelo próprio Papa em 2021.

Mas sempre foi assim! O dinheiro é um senhor poderoso, que entra no plano de Deus. O mal existe. Deus é tudo e o mal é apenas uma parte, mas essa parte existe. O dinheiro faz parte da história. (Jesus, Espanha)

Eu era um pecador, viciado em drogas, e tinha perdido o sentido da vida. Minha fé em Jesus me ajudou a sair dessa situação, mas continuo fraco e, de vez em quando, a tentação de recaída é forte. Estou sozinho, sem possibilidade de ir à igreja ou de falar com um padre. Ore por mim para que eu tenha forças para aprofundar minha fé e não ceder à tentação. Obrigado, que bom que consegui enviar esta mensagem, me fez sentir bem. (Sr., Teerã, Irã)

É interessante você dizer que está sozinho. Vejo de onde vem isso: você não tem um padre, uma freira, um católico ou um cristão a seu lado e não deveria ser assim. A solidão não é pobreza, é miséria, e é uma das piores formas de miséria que existem e também uma das mais escondidas. Temos que pensar nessas pessoas que não encontram um meio de resolver suas dificuldades, de enfrentar suas tentações, porque estão sozinhas. Eles não têm uma rede de apoio com que contar. É nisso que trabalho: abrir redes de relacionamento para todos, para dar a possibilidade de escapar do sufoco.

Muitas pessoas que se encontram em situação de grande pobreza e que passam por sérias dificuldades não quiseram enviar perguntas, apenas pediram que o senhor reze por elas. O que o senhor quer lhes dizer? (Sybille)

Não gostaria de dar uma resposta estúpida a essa pergunta. Vou tentar falar de acordo com minha fé. Em tempos de pobreza ou de grandes dificuldades, sei que a vontade de fazer uma pergunta pode desaparecer. É nesses momentos que temos que fazer um esforço para sentir a carícia de Deus, pois é nesses momentos que Deus nos acaricia. Se fizer um esforço, vai perceber. Mas também lhe responderei: sim, rezo por eles.

Santo Padre, como enfrentar a pobreza? Como podemos vivenciar a pobreza em uma sociedade de consumo? (Alain, Nantes, França)

Não existe uma resposta geral para essa pergunta. A pobreza, em uma sociedade injusta, não é só um problema individual. A sociedade tem que transformar todo o modo como funciona para que a pobreza deixe de existir. Resta que, quando surge, a pobreza também deve ser enfrentada individualmente. Você tem que ser muito criativo na maneira como faz isso. Além disso, a ajuda que podemos prestar àqueles que enfrentam a pobreza não pode, por sua vez, ser separada de nossa contribuição para a resolução da injustiça social ou para a luta contra a falta de vergonha com que a pobreza e a riqueza se manifestam. Falta de vergonha ou indiferença...

É importante que existam instituições e desejos como o de vocês de ir sempre para as periferias da existência social. Sua descrição de uma pessoa pobre em uma sociedade de consumo revela bem essa periferia existencial. Precisamos nos aproximar dela. É muito mais difícil para os ricos. Essa mensagem flui melhor de pobre para pobre, porque é uma mensagem de experiência para experiência. Foi o que aconteceu com os primeiros apóstolos, quando, por sua própria pobreza espiritual, encontraram Jesus; correram entusiasmados, procurando seus companheiros para lhes dizer:

"Encontramos o Messias!" Eles não estavam mais sozinhos.

Quanto àqueles que vivem nesse mundo de vaidade como se fosse eterno, acho que devem ser muito infelizes.

Se retirássemos o consumo da sociedade, não haveria mais pobreza. (Ricardo)

O diabo inventaria outra coisa...

Santo Padre, a gente leu, com muito interesse, o Fratelli tutti. Gostaria de saber de onde vem a ideia de amizade social e como o senhor a define? (Pierre)

Amizade social significa colocar a mão no ombro do próximo e seguir em frente com ele. Ou seja, ter carinho pelos outros e garantir que, com eles, transformemos as estruturas da sociedade. Não porque apenas essas estruturas têm que mudar, mas porque a proximidade com outras deve também e sobretudo ser um motor de mudança. A proximidade, a compaixão e a ternura são os três traços do estilo de Deus. Sempre voltamos a isso... A Bíblia diz para evocarmos esse estilo: "Jesus se aproximou..."

Vamos pensar, por exemplo, nos leprosos. Jesus estava a poucos metros deles, chamou cada um, cuidou deles, levou até essas pessoas sua compaixão. Existe uma fórmula dos Evangelhos que repetimos nas orações: "[Ele] sentiu compaixão". A sociedade, como estrutura, trata isso com distanciamento: não toca nos pobres, trata as pessoas sem ternura, com indiferença. Jesus, ou Deus, é o oposto. Desde o Antigo Testamento ele se aproximava, ele simpatizava. Moisés já o diz: "Tive compaixão de meu povo", quando este estava escravizado e ele se preparava para libertá-los. No Novo Testamento, Jesus é a ternura de Deus. Um "cristianismo conceitual" não é cristianismo.

Por que dizemos que Deus nos ama com um amor único?
(R., Cracóvia, Polônia)

É com certeza uma maneira estranha de colocar as coisas, mas Deus não pode amar "na hora", "em massa", se posso dizer assim. O amor de Deus é uma relação "eu-você", de pai para filho e para cada um em seu próprio nome. Parece loucura, uma coisa sem sentido, mas é assim que funciona. É uma espécie de escândalo para nossa fé que o próprio Deus me espere, me acompanhe. Jesus, no entanto, fez um grande esforço para levar as pessoas a entender essa imagem de Deus, um Deus que espera, que ama, que se aproxima. Essas três características, como já disse, indicam o estilo de Deus: proximidade, compaixão, ternura. Podemos ouvir isso em todas as palavras de Jesus – não apenas nas do filho pródigo[3], mas em todas elas. E Jesus não encontra outras palavras senão "Pai" para se dirigir a ele, ou "paizinho" talvez, com uma conotação mais afetuosa.

Acho que isso, essa ideia de que Deus me ama, não é uma realidade a que podemos chegar apenas com o pensamento, com a razão. É um fato que vem da experiência de vida. É também um fato de revelação, mas é, antes de tudo, experiência de vida.

Eu diria que Deus não nos ama pelo sobrenome, mas pelo primeiro nome. Deus não nos ama por nossas riquezas morais, mas tal como somos, pecadores. O Evangelho está cheio de histórias que testemunham isso. Deus também ama os soberbos, os que se consideram perfeitos; espera

3 Lucas 15, 11–32

por eles, incita cada um para observar suas reações. Deus ama a todos e tem esperança em todos. Nunca abandona ninguém, nem mesmo Judas.

Por que custa tanto para nós, humanos, sermos ternos e afetuosos, e por que isso dura tantos séculos? (Jesus)

Os teólogos vão dizer que carregamos o fardo do pecado original. Temos uma falha básica: o egoísmo. É verdade que, graças à presença do Espírito Santo em nós, nos esforçamos para curar essa falha, mas a tendência para o mal, todos a temos. Se não fosse assim, canonizaria todo mundo amanhã. (Risos.)

Desde os trinta e cinco anos, quando me curei do alcoolismo, tenho a honra de servir ao Pai. Não sou um sem-teto porque o mundo é minha casa. O que posso fazer pelo senhor, Papa Francisco? (John, Kansas City, EUA)

O que posso fazer pelo senhor? você me pergunta. Esse é o testemunho verdadeiro de um coração santo, de um coração curado. O que você pode fazer? Anuncie as maravilhas de Deus por aí. Foi isso que Jesus falou ao possuído de Gerasa, que queria se tornar um apóstolo: "Vá para casa, para junto dos seus, e anuncia-lhes tudo o que o Senhor fez por ti, e como se compadeceu de ti"[4]. A obrigação de todos que estão em uma situação como a sua é anunciar, testemunhar.

No que me concerne, é isso que eu faço, pois abandonei o álcool há vinte anos. Tive crise atrás de crise, estava sempre tremendo e sempre começando de novo, desistia e começava de novo... Mas um dia, era uma manhã de 1º de janeiro, simplesmente decidi largar o álcool. Era o plano do Senhor

4 Marcos, 5, 1 – 19.

para mim. Renunciei ao álcool e não tomei uma gota desde então. E não sinto vontade. Estou curado, graças ao Senhor. Sei que foi imprevisível. Se eu puder dar testemunho às pessoas que querem parar de beber, às pessoas que gostam de jogar, que gostam de se divertir com essas coisas, eu lhes diria que não tenho vontade de voltar a fazer isso. (Christian)

A primeira coisa que você deve fazer é esse anúncio: "Eu estava lá e saí"; a segunda é louvar a Deus.

Sim, eu sei que é uma graça rezar, pedir perdão, confessar. Existem apenas graças. (Christian)

4

“Essa injustiça que clama ao céu”

Como o senhor pode permitir o que está acontecendo no mundo? Estou escandalizado com a riqueza da Igreja, com o anel papal. Dizem que se vendessem esse anel poderíamos alimentar um país africano inteiro. (Maité, Barcelona, Espanha)

Primeiro, precisamos deixar claro que a “riqueza da Igreja” é a riqueza do Estado do Vaticano e da Basílica de São Pedro. Mas não podemos vender o Vaticano em pequenos pedaços para ganhar dinheiro com isso. A riqueza da Igreja é também constituída pelas riquezas artísticas encontradas, por exemplo, nas capelas, ou pelos objetos de valor guardados em alguma paróquia. EsSas riquezas pertencem a todos, elas não são propriedade privada.

O segundo ponto é que existem outras riquezas, as más, que Maité ilustra aqui com o anel papal. É o anel do meu primeiro amor, o anel de 27 de junho 1994.

E é com ele que alimentaríamos um país africano? Eu não acredito nisso... (Diana)

Não, porque não é só uma questão de dinheiro.

Mas o que aconteceu em 27 de junho de 1994? (Jesús)

Esse é o dia em que fui ordenado bispo. Quando você se casa, um anel é colocado em seu dedo para simbolizar seu amor. E você não muda isso, porque não pode mudar o amor. Bem, eu também não vou mudar o meu! Não quero ofender ninguém, mas corremos o risco de sermos ridicularizados trocando nossos anéis o tempo todo. Além disso, um pastor não deve se enfeitar com joias. As joias são destinadas a Deus e aos filhos de Deus, ou seja, a quem precisa. Em outras palavras, sim, você teria que vender o anel papal para alimentar o povo…

Um padre ou um bispo que vive no luxo acaba no ridículo, e desse ridículo não teríamos como nos recuperar. Quando falta austeridade na vida sacerdotal, caímos nesse tipo de erro. Essa tendência deve, portanto, ser reformada. Mas é difícil, muito difícil, porque existe toda uma tradição mundana na Igreja. Já fizemos um pouco nesse sentido e continuamos fazendo mais. Mas a Igreja acolhe também uma tradição de poder que está muito ligada ao luxo e ao dinheiro, ainda que também seja verdade que uma tradição de pobreza está crescendo todos os dias entre os servos do Evangelho.

A grande virtude que eu desejo para toda a Igreja, a começar pelo Papa, pelos cardeais, pelos bispos, pelos sacerdotes, pelos religiosos e pelas religiosas, é a pobreza. Um santo basco, Santo Inácio de Loyola, disse que para os eclesiásticos a pobreza é a mãe e o muro da vida. Por que a pobreza é mãe? Porque ela produz a generosidade, o dom de si mesmo para os outros, o viver para os outros, que é o louvor de Deus. É por isso que ela é mãe. E é um muro porque defende nossa vida contra o senhor do mundo, que é a riqueza. Se alguém vir um clérigo rico, reze por ele e depois, se tiver uma oportunidade, fale com ele. Isso é o que posso dizer sobre esse problema complicado: por que a Igreja é rica?

Papa Francisco, um padre deveria ser pobre? (Laure-Irène, Abidjan, Costa do Marfim)

Sim, minha filha, sim. Quando Jesus chamou os primeiros apóstolos, ele disse: "Deixem tudo e me sigam" Um padre rico é uma contradição, e devemos pregar isso. O sacerdote deve sempre estar ao serviço dos outros. Se ele se interessa por dinheiro, que escolha outro trabalho!

Em alguns países, os padres são pagos como se fosse um trabalho como qualquer outro. O que você acha? (Sybille)

O trabalho do sacerdote é um ministério e não pode ser remunerado. Quando as pessoas querem celebrar uma missa ou outra cerimônia desse tipo, às vezes perguntam quanto vai custar. Eu responderia: "Nada. Se quiser dar alguma coisa, coloque no baú da igreja". E se eu tivesse que fazer um batismo, quanto custaria, você pode perguntar. "Nada", eu responderia, ou o que você quiser, ali, no baú da igreja." Ou seja, tem que ser uma esmola e não um salário, e que seja secreto, porque ninguém tem que saber o que as pessoas podem ou não dar.

Certa vez, aconteceu o seguinte. Quando eu era arcebispo, um amigo me pediu para fazer o casamento da sua filha. Como eram bons católicos, eles queriam uma verdadeira missa nupcial. E queriam que o casamento acontecesse numa paróquia do centro de Buenos Aires, onde muita gente se casa. Eles foram lá e lhes disseram: "Não, isso não é possível". A igreja exige que os casamentos sejam celebrados em uma missa regular. Por que isso acontece? Porque o casamento dura cerca de meia hora e não podemos imaginar uma missa que dure apenas meia hora. O pai da moça disse: "Mas minha filha quer esse casamento!" Posso pagar o equivalente a duas missas." "Ah, muito bem então", respondeu o padre. (Risos) Quando chegou o dia, fui a essa igreja para casar esses jovens e o sacerdote disse: "Oh! o cardeal!", e eu respondi: "Padre, vim pagar as duas missas, mas venha me ver no bispado na próxima semana." Bem, posso dizer que aquele homem corou...

O dinheiro corrompe os padres. Alguns também são professores, por exemplo. Eles ensinam e recebem um salário por isso. Outros são capelães em hospitais. Eles também têm seu salário, e isso pode ser entendido pelo fato de terem funções oficiais, como também acontece com os capelães prisionais, por exemplo. De qualquer maneira, eles não deveriam guardar esse salário. O dinheiro tem que circular. Temos que pôr fim a essa ideia de que um ministério pode ser pago. É difícil, porque os regimes variam de país em país e tudo isso é muito mal regulamentado. Uma coisa é certa, os sacerdotes nem sempre têm a liberdade interior de serem pobres. Não importa, quem recebe um salário pode muito bem dizer: "Sou pobre, fico com o que preciso para viver, dou o resto e pronto..." Infelizmente, o dinheiro é uma tentação, uma tentação que o diabo usa para provocar a destruição do sacerdote.

Mas se um padre ganha dinheiro, ele pode ajudar melhor aos outros, certo? (Diana)

Sim, sem dúvida... mas ele deve continuar pobre e ser apenas um administrador desse dinheiro. A verdadeira questão é: o que um padre faz com o dinheiro que ganha? É aqui que está colocado meu convite à pobreza. Se um padre que precisa de um carro para seu trabalho compra um veículo utilitário simples, ele é um padre pobre. Se, por outro lado, ele compra um Mercedes, então está cometendo um erro.

Santo Padre, sua influência é importante no mundo. O que o senhor está fazendo a respeito da injustiça que reina nele? (Mehrnaz, Londres, Reino Unido)

Falo, procuro testemunhar, como disse antes. Sempre tento viver como uma pessoa justa tanto quanto possível — aponto isso porque a injustiça do pecado está sempre presente. Tento dar testemunho de pobreza. Moro aqui, na residência Santa Marta, num cômodo grande o suficiente para servir de escritório. Acho que estou fazendo pequenos esforços, mas é certo que posso fazer mais.

Como atacar a injustiça do mundo? Com o discurso. Às vezes tenho palavras duras, palavras muito duras, e eu repito essas palavras. Falo, prego, digo o que não agrada a muitos e as pessoas me culpam. Eu me lembro de minhas contradições. Por exemplo: "Você diz isso, mas a riqueza do Vaticano diz outra coisa". Faço o que posso e falo com voz clara. Alguns dizem que sou comunista... Só afirmo que se retirarmos os pobres do Evangelho, ele desmorona. Os pobres estão no centro do Evangelho. Alguns prefeririam sem dúvida um Evangelho sem os pobres, mas esse já não seria o Evangelho.

Isso é o que me vem para responder à injustiça. Faço muito isso por meio de minhas encíclicas, de minhas exortações. A última encíclica, *Fratelli tutti*, me parece muito forte nesse sentido.

Por que a Igreja não está mais do lado dos fracos, como Jesus queria? (Dolly, Antoura, Líbano)

Você fala da Igreja institucional e fala a partir do Líbano. Eu sei o que acontece por aí, onde existe sempre uma tentação muito forte por dinheiro. Mas isso também é verdade aqui e em muitos outros lugares do mundo. Jesus queria uma igreja pobre e para os pobres. Isso já não acontece em muitos desses lugares, porque infelizmente a Igreja se consolidou. Ela não avança mais e aos poucos vai ficando paralisada. Se você não andar por dois anos, vai ficar paralisada. Esse é o caso da Igreja e o excesso de riqueza pode justamente impedir que ela avance.

Como podemos garantir que os católicos ouçam as palavras das encíclicas e as transmitam a outros? (Loïc)

Você sabe como as coisas acontecem? O papa e seus vários escritos são interpretados de uma forma que o que se encontra seja desqualificado. Estou pensando aqui em um canal de televisão muito específico cujo nome não vou mencionar, tudo porque este canal considera intolerável tudo o que eu digo. Hoje, os meios de comunicação social podem distorcer, manipular e, em última análise, anular as mensagens que deveriam transmitir.

Vou dar um exemplo típico. Quando foi anunciado que

eu iria publicar a encíclica *Fratelli tutti*, imediatamente foi lançada uma campanha: esse Papa fala sempre no gênero masculino! Por que ele não escreve *Fratelli* e *sorelli tutti?*[1] Mas *Fratelli tutti* é uma citação. É uma frase de Francisco de Assis que começa com essas palavras. E continuei a encíclica com estas outras palavras: "Eis como São Francisco se dirigiu aos homens e às mulheres do seu tempo..." Deixei passar, como dizem. Mas, como você vê, alguns meios de comunicação estão prontos para fazer qualquer coisa para reduzir uma palavra a nada. Felizmente, o que escrevo permanece escrito como eu queria.

Mas quando o Maligno age... é um bom sinal! Isso significa que ele deve ter saído da floresta, certo? (Sybille)

É verdade! E é por isso que faço o que faço. Testemunho, falo. Quando volto da Praça São Pedro para a residência de Santa Marta, paro perto dos doentes, porque tenho que estar perto deles. Isso é testemunhar por meio de um gesto evangélico. E, como também carrego meus pecados, meu egoísmo, esse gesto nem sempre é fácil para mim.

Querido Santo Padre, me pergunto o que fiz de errado para sofrer tanto... (Laurent, Paris, França)

Pois bem, pergunte a Jesus, que sofreu ainda mais que você!

O jovem que fez essa pergunta deveria ter participado de uma reunião anterior, mas não pôde comparecer e agora está na prisão. Devemos orar por ele, porque ele é um amigo para nós. (Sybille)

---

1 Fratelli Tutti, em Português seria "Todos irmãos", e "Sorelli Tutti", "Todas irmãs".

Vamos rezar, mas repito, temos que fazer essa pergunta também para Jesus, que sofreu mais do que nós. Deus se tornou tão próximo de nós que suportou todo o nosso sofrimento. Embora isso nos pareça um pequeno consolo, é pelo menos uma verdade: tenho um companheiro de infortúnio que é filho de Deus e que me precedeu na dor. Sim, é ele. Por que ele sofreu tanto? O próprio Jesus Cristo pergunta a Deus na Cruz: "Por que me abandonaste? Por que tanto sofrimento? Por favor, afasta de mim esse cálice, não aguento mais." Pense sempre em Jesus, porque ele nos abre o caminho. No que me diz respeito, é em vocês que estou pensando, porque devem estar morrendo de sede! (Risos.)

Ficamos muito surpresos com suas respostas! Quanto a mim, de qualquer maneira, estou sem palavras. (Jesús)

E ainda assim tenho a sensação de não dar nenhuma resposta. (Risos.)

Confio cegamente nas pessoas. Ajudo todo mundo, mas quando tenho dificuldade ninguém me ajuda! Por quê? (Priyanka, Delhi, Índia)

É a tragédia do egoísmo humano. Um ser egoísta sou eu, eu, comigo, para mim! (Risos.) Isso é o exato oposto do testemunho, porque o testemunho é dar a todos o que está dentro, quando o egoísta permanece fechado em si mesmo. Na verdade, existem duas dimensões da humanidade aí. Você ajuda a todos, preocupa-se com os outros, abre-se para eles e descobre que esses outros permanecem escondidos em si mesmos.

Devemos admitir que é mais conveniente não nos preocuparmos com os outros... Isso é o egoísmo humano. "Não sei se isso não vai me causar problemas, então prefiro não me envolver." É uma fórmula tipicamente argentina, que muitas vezes voltava na boca de meu pai: "Não se envolva." Jesus sujou as mãos.

Então, devemos nos envolver? (Jesús)

Com prudência, é claro! Você não vai entrar no palácio da Moncloa[2] e começar a levar o que pode dar aos pobres!

Quando digo que temos que interferir nos assuntos do mundo com prudência, isso também não significa que temos que usar luvas antissépticas... A prudência é simplesmente uma virtude humana, a do pai com seus filhos, a do irmão com seus irmãos; enfim, de todos aqueles que procuram soluções que se sustentem.

Santo Padre, muitas vezes me perguntam por que vemos pessoas vivendo nas ruas. O motivo nem sempre é o mesmo, mas todos esses moradores de rua têm uma coisa em comum: em determinado momento da jornada, eles vivenciaram uma ruptura familiar. Alguns governos, por meio de suas leis, provocam essas rupturas. Como é possível que a família não seja o foco central da vida? Como podemos garantir esse papel da família? (Loïc)

Não é a primeira vez que isso acontece. Se voltarmos à Bíblia, Deus desencadeou o Dilúvio para destruir a humanidade, mas ela já havia se destruído, sem possibilidade de recuperação. É claro que o Dilúvio não é um fato histórico, mas é um mito, um caminho para que possamos refletir, não uma história. Nesse sentido, devemos estar atentos.

2 Palácio oficial no qual reside a presidência do governo espanhol, em Madrid.

Dilúvio ou Torre de Babel, nessas duas situações Deus teve que intervir para destruir o que chamo de falsa harmonia. No caso do Dilúvio, somos informados de que o pecado estava em toda parte; naquele da Torre de Babel, o problema é a soberba, a pretensão de alcançar o céu[3]. No canteiro de trabalho da torre, a colocação dos tijolos era muito cara. Se um tijolo caísse, quem o deixasse cair era punido, mas se um trabalhador caísse, nada acontecia. Esse segundo mito mostra como os valores estavam de cabeça para baixo. Isso ecoa a história do Dilúvio onde Deus diz, resumindo: "Nada mais pode ser salvo, porque todos os valores estão invertidos".

Quando alguém dorme na rua é porque os valores invertidos de sua família ou grupo social não lhe ofereceram refúgio. E porque quando ele começou a cometer seus deslizes — roubo, álcool, drogas, desemprego, o que for —, deixamo-lo sozinho. Aqui encontramos o egoísmo humano, esse poder de destruição que precede o desencadeamento do Dilúvio.

Querido Papa Francisco, como podemos viver com dignidade quando temos uma deficiência psiquiátrica que nos impede de fazer ao mundo o que gostaríamos de fazer? Ser fraco e doente é uma vocação em si? (Alexis, Toulouse, França)

Há duas palavras na sua pergunta que ressoam em mim: "doença" — doença mental ou doença que o impede de fazer o que todo mundo faz — e "dignidade". A dignidade é uma condição para viver bem, saudáveis ou doentes. Você

3 Gênesis, 7, 1–24.

pode ser saudável, pode ser o melhor atleta do mundo, pode ter uma saúde de ferro, mas se não tiver dignidade, você não vale nada. A dignidade é a chave para viver bem em qualquer condição física. E eu mesmo, quando rezo à noite e procuro examinar a minha consciência, para refletir sobre tudo o que aconteceu durante o dia, como o vivi, sempre me vem uma pergunta: vivi com dignidade?

A questão é: o que é dignidade? É uma questão de se vestir com elegância? Ter um status social elevado? Ter diplomas universitários? Ter muito dinheiro? Um lugar muito importante na sociedade política? Isso é dignidade? Não! Todas essas pessoas podem ser dignas, podem ter dignidade. Mas eles não são necessariamente dignos pelo que fazem. Dignidade, para simplificar, é uma forma de viver diante de Deus e dos outros. E quando falamos de dignidade, significa o sentido da realidade das coisas, a humildade, a necessidade dos outros: viver com dignidade é viver o dom, o presente que recebemos. E esse dom, esse presente, é ser filho de Deus. Viva com dignidade, riqueza, pobreza, uma vida longa, uma vida curta, com saúde ou doente, mas viva como filho de Deus. Mas também com a humildade de saber que não é o pai de Deus.

Em vez de responder à sua pergunta do ponto de vista de "como podemos fazer ou vivenciar isto ou aquilo, apesar da doença?", eu deveria antes responder do ponto de vista daquilo que dá sentido a tudo o que fazemos e tudo que vivemos: o dom da dignidade. Quando, à noite, percebo que me comportei mal, fico com vergonha. E a vergonha é uma graça que devemos pedir. No meu país, dizemos que uma pessoa despreocupada é "sem vergonha". A graça da vergonha foi o que sentiu São Pedro na noite de Quinta-feira Santa, depois de negar três vezes Jesus e encontrar seu olhar. E o Evangelho diz que ele chorou amargamente. Falta de dignidade, vergonha, lágrimas. A vergonha e as lágrimas que ela causa são uma graça de Deus

Onde podemos encontrar força suficiente quando a vida nos coloca em uma situação difícil? (Um homem pobre, Delhi, Índia)

Em cada situação existe um lugar a partir do qual podemos recomeçar, um pequeno caminho onde podemos dar o primeiro passo. Você tem que procurar por isso. Como sair desse labirinto? Existem duas maneiras de fazer isso: ou seguindo o fio que a natureza nos deu quando entramos no labirinto, ou por cima. Você tem que descobrir o fio de Ariadne ou uma maneira de pular o muro... Mas você sempre pode sair!

Então eu responderia a esse pobre homem de Delhi que se a vida o mergulhou numa situação ruim, ele deve procurar uma saída ou pedir ajuda. Eu disse a ele: "Deixe-se ajudar, não fique aí parado!" Com certeza não vai ser fácil, mas pode ser uma mensagem de salvação para todos aqueles que são ainda mais pobres e abandonados que ele. Afinal, também quem é o mais pobre e abandonado terá que dar um passo para sair do lugar em que está. Sei que o desânimo ameaça sempre, mas podemos ajudar, estender a mão a esse pobre, pedir que dê um passo e acompanhar até que ele possa caminhar sozinho. É nosso dever. Quantas pessoas agradeceram à vida por terem conhecido quem as ajudou a dar o primeiro passo!

O senhor está nos pedindo para não darmos o passo pela pessoa, mas para oferecer um apoio para que ela mesma possa fazer isso? (Loïc)

Exatamente. O oposto seria o paternalismo. O pior seria dar o passo pelo outro. Dar o resultado a ele seria oferecer um cálice cheio de veneno! O verdadeiro presente é segurar sua mão e caminhar com ele, estar atrás dele.

Sim, como um bebê, ele começa andando, depois corre! (Christian)

Por que Deus me deixou sem teto? (Um homem pobre de Cracóvia, Polônia)

E por que você deixa Deus sem casa? Deus precisa do seu coração. Deus não se ocupa em fazer milagres em nossas vidas — mesmo que haja alguns de vez em quando — porque o que interessa a ele é que cada um de nós encontre uma solução para a situação em que estamos. Deus nos trata como adultos, como pessoas. Ele não é paternalista.

Voltando à sua pergunta: por que Deus me deixa sem teto? Existem alguns porquês que são bem difíceis. Por que os mais jovens entre nós sofrem? Por que as crianças sofrem? Não sabemos... Mas não podemos perguntar a Deus: "Por que você se preocupa com meu filho que é criança e não comigo?" Temos que fazer perguntas a Deus, mas devemos fazer as perguntas certas. Quando as crianças crescem, passam pela chamada "idade do por quê". A toda hora perguntam: "Por que, papai, por quê?" O pai começa a responder, mas o filho nem escuta a resposta e já chega a outro por quê. No fundo, não é o conteúdo da resposta que importa a ele. No sentimento de insegurança que experimenta, ele quer chamar a atenção do pai.

Lembro-me como se fosse ontem da minha primeira desilusão com meu pai, ou pelo menos da primeira de que me lembro. Eu devia ter cinco ou seis anos. Meu pai me levou à clínica para uma cirurgia de amídalas. Naquela época, a enfermeira nos pegava, nos sentava, nos segurava quietos, colocava alguma coisa entre nossos dentes que nos impedia de fechar a boca e com uma tesoura, tlec! Foi assim comigo. Havia sangue por toda parte. Nem me deram tempo de gritar, trouxeram sorvete, e com o sorvete me esqueci de tudo!

Quando saímos da clínica, meu pai chamou um táxi para irmos para casa. Quando chegamos, ele pagou ao motorista. Fiquei surpreso! Não conseguia falar porque estava com muita dor e tinha que que tomar meu sorvete para aliviá-la. Dois dias depois, porém, quando comecei a conseguir falar de novo, a primeira coisa que disse ao meu pai foi: "Por que você pagou ao motorista?" Ele me explicou o trabalho daquele homem. Não pude acreditar no que ouvi: "Como? O carro não é seu?" Em minha idealização de meu pai, estava convencido de que ele era dono de todos os carros da cidade, e foi minha primeira decepção saber que não era assim. Como éramos estúpidos naquela época! As crianças de hoje são muito mais espertas.

A idealização, contudo, continua a ser um fato importante. Esses "porquês" são sempre endereçados ao pai para que ele responda, mesmo que não ouçamos sua resposta. Deveríamos inventar uma oração dos por quês. Isso pode parecer herético, mas quando as pessoas dizem: "Às vezes fico com raiva de Deus e lhe digo umas poucas e boas!", bem, posso te dizer que Deus adora. Por quê? Porque estar zangado com Deus é confiar nele, é tratá-lo como um pai, é um tipo de oração.

Por que é que as avenidas que conduzem à capital permanecem iluminadas a noite toda, quando não há carros na estrada, enquanto nossos filhos não têm luz suficiente à noite nem para fazerem a lição de casa? Muitas pessoas em situação de extrema pobreza ou que atravessam dificuldades significativas manifestaram sua indignação pela má distribuição da riqueza. O que o senhor pode responder a eles? (Camille, Mae Sot, Tailândia)

Eu digo que eles estão mil vezes certos! Que o grande pecado social do mundo é a má distribuição da riqueza. Nesses últimos dias dei uma conferência de 40 minutos na Organização Internacional do Trabalho que foi transmitida pela televisão. A respeito dos que têm muito, eu disse o seguinte: "O direito à propriedade privada deveria ser um direito secundário, que derivasse do direito à distribuição geral de todos os bens." Muitos ficaram escandalizados. "Mas como ele pode dizer isso?"

Minha resposta é clara, muito clara. Paulo VI disse, João Paulo II disse, Bento XVI disse e eu digo também, isso nada mais é que uma parte fundamental da doutrina social da Igreja. A injustiça social se manifesta quando a riqueza atinge uma fase em que já não é seguida por uma distribuição universal de bens. A propriedade privada então assume o controle de tudo. No entanto, esse não é um direito primário, apenas deriva do direito, esse sim primário, de beneficiar a todos com a distribuição geral de bens. E eu diria que ambos devem permanecer em harmonia. Sem essa harmonia, nada pode ter valor. Esse é o ponto chave.

Hoje, as grandes massas populares — a palavra é clara, embora dificilmente goste de usá-la — permanecem à margem da riqueza. Não têm água, não têm luz. Nesses tempos de pandemia dizemos às pessoas: "Lavem-se com água e sabão!" Como é que essas pessoas vão se lavar se não tiverem água nem sabão? Hoje a solução social — essa é uma ideia pessoal que apresento a vocês — só pode vir dos movimentos populares, quando as multidões marginalizadas se organizarem e começarem a fazer novas reivindicações, a inventar novas formas de trabalho.

Mas a realidade está aí, você tem razão! Uma realidade de pobreza e injustiça, que clama ao céu. Esta realidade é um pecado, um pecadomuito grave.

5

"A esperança é um presente"

Não sou batizado porque vivo no Irã e não tenho essa possibilidade. O senhor me considera mesmo assim um cristão? Rezo o tempo todo, leio a Bíblia quase todos os dias, rezo o terço, mas não posso ir à igreja nem assistir à missa dominical. Que conselho o senhor me dá para que eu possa aprofundar minha fé? (Sourosh, Teerã, Irã)

Em um país em que a situação política e religiosa é tão particular como no seu, eu compreendo perfeitamente... Você me diz que não é batizado, mas que quer ser cristão. Eu lhe respondo: "Então você está batizado." Pois existe o batismo pelo rito da água, mas também existe o batismo pelo desejo e pelo sangue. Quem não é batizado, mas morre mártir, morre cristão. Quanto ao batismo pelo desejo, vou colocar deste modo: se você quer ser cristão, então você já é. Não precisa do sacramento, você já é. Há tantas pessoas que querem o batismo e não conseguem obter... Em alguns países, inclusive, a conversão ao cristianismo é punida com a morte.

Recebemos muitas destas perguntas de iranianos próximos da fé cristã. Há uma enorme expectativa em relação ao cristianismo nesse país. (Pierre)

Não sou cristão ou ainda não sei. Quando leio o Evangelho, percebo que Jesus se rodeia de discípulos cujas falhas são enormes. Não seria utópico pensar que podemos realmente acreditar nele quando seus próprios discípulos não acreditaram em sua mensagem durante a sua vida? (Simão, Nantes, França)

Eles acreditaram à sua maneira, da melhor maneira que puderam. Eles acreditaram de forma errônea, mas acreditaram. Nossa fé é sempre fraca, incompleta. Mas temos que começar com alguma coisa. Às vezes acreditamos por interesse. Bem, alguns dos próprios apóstolos creram por interesse próprio. Por exemplo, Tiago e João pediram a Jesus para que ocupassem os ministérios mais importantes quando constituisse seu governo, um à sua direita, outro à sua esquerda. A fé e o interesse muitas vezes se misturam, e foi assim para os apóstolos como é hoje para os sacerdotes, para os bispos, para os fiéis. Nosso caminho para Deus está cheio de falhas. O importante é seguir em frente com ele, pedindo perdão, confessando os pecados, mas continuando em frente.

Onde posso encontrar a esperança? (Um homem pobre de Cracóvia, Polônia)

A esperança é um presente, um dom. Devemos nos abrir a esse dom por meio da oração, do trabalho e daquilo que damos aos outros. Charles Péguy disse: "A menor e mais humilde das virtudes é a esperança". Isso porque ela encontrará seu fim. Paulo disse que entre a fé, a esperança e a caridade só a caridade vai permanecer. A esperança é uma virtude humilde, a virtude de cada dia, que é dada e sobre a qual precisamos zelar. Sim, devemos zelar pela esperança. Acredito que devemos compreender a riqueza dessa virtude humilde e pobre e nos nutrir dela.

Santo Padre, quão importante é a oração para o senhor? (Elane, Salvador, Brasil)

Para mim ela está no centro de tudo! Em outras palavras, não posso fazer nada sem oração. Quando rezo, quando me coloco nas mãos de Deus, em silêncio, deixando Deus falar, as coisas encontram sua harmonia. A oração harmoniza minha vida.

Quando não rezo, pois, infelizmente ambém o Papa pode viver seus momentos de crise na ordem da oração — quando não rezo, porque não é conveniente, por exemplo, se estou muito ocupado, ou se tenho muito trabalho, a vida pode parecer mais fácil, mas é menos proveitosa. Não produz frutos nem dentro nem fora de mim. E aos poucos é como se eu estivesse secando. É por isso que sempre tento encontrar tempo para orar. Com todo o trabalho que recai sobre mim, muitas vezes encontro uma boa desculpa para não orar. No entanto, a oração é a coisa mais importante que tenho que fazer como sacerdote e como papa, ainda mais importante que o trabalho. Resumindo, se eu não orar, nada funciona.

Deus falando com o senhor? E se sim, o que lhe diz? (Patrice-Laurent, Porto Príncipe, Haiti)

Deus fala. Em que idioma? Não sei... Em francês, em espanhol, em italiano? O Senhor toca o coração e fala ao nosso coração. Essa é minha experiência. Quando falo com Deus, para pedir ele que me esclareça sobre algum assunto, há silêncio, e de repente me ocorre uma ideia.

Deus fala uma linguagem comum. Nunca apareceu para mim. Não tenho essa experiência, mas tenho a experiência de que quando peço algo a ele, mais cedo ou mais tarde ele me mostra o caminho. Deus sempre me responde, à sua maneira.

O senhor ouve vozes falando com o senhor, vindas do céu, de Deus? (Christian)

Não, não.

Santo Padre, tenho um filho de sete anos chamado François. Ele nasceu logo depois que o senhor foi eleito e me disse outro dia: "Pai, em minha oração, quando vou ter certeza de que é Deus falando comigo e não minha imaginação?" (Pierre)

Ambos podem acontecer. Deus fala de mil maneiras, pelo coração, pela mente, de outras maneiras, mas acima de tudo fala pela paz do coração. Como posso saber se isso não é minha imaginação? A resposta mais clara vem por meio dos efeitos: se o que Deus lhe dá para sentir o leva a trabalhar e a agir, então está bom! Se você deseja permanecer em órbita, isso não é bom! (Risos.)

Se seu filho lhe faz essa pergunta aos sete anos, é melhor você se preparar, porque vai dar trabalho!

O que o senhor diria para quem ouve vozes? (Christian)

Que falem com os outros, que digam: "Ouvi isso, o que você acha?" E que aquele que conhece essas vozes o ajude a discernir, a saber se elas são de Deus ou não.

Qual é sua oração preferida? (Julien, Porto Príncipe, Haiti)

Varia, depende do momento. Costumo rezar o rosário, mas me distraio muito com ele. Às vezes chego diante do Senhor e fico em silêncio, e isso me ajuda. Também costumo pegar a Bíblia e recitar um salmo e retenho toda a sensação que ele me passa; ou me apego a um episódio da Bíblia... Enfim, varia e gosto de tudo, porque se nos colocamos em oração e sentimos o gosto, sentimo-nos como uma criança que toma um sorvete e pede outro, e outro e outro.

Mas então é uma meditação ou uma oração? (Diana)

Às vezes é uma meditação, mas no meu caso faço pouca meditação. Tenho a tendência de estar lá, falando, sentindo. Quando era mais jovem, a meditação era uma parte importante para mim. Esse não é mais o caso. Agora eu leio a Bíblia... e fico emocionado, e é assim que sigo em frente.

Qual é a diferença entre a meditação de que o senhor está falando e o tipo de meditação que está na moda em todo o mundo hoje, como a ioga, por exemplo? (Sybille)

Existem muitas maneiras de meditar. A mais clássica delas, na tradição cristã, é sem dúvida ler algo e refletir sobre essa leitura, pensar sobre o que ela nos diz, o que ela significa. Para falar a verdade, não conheço outras formas. Eu sei que elas existem, mas não as conheço, nunca experimentei nenhuma outra.Por outro lado, quando lemos algo e depois permanecemos na presença de Deus, com a mensagem recebida dessa leitura dentro de nós, então acontece algo que é da ordem da contemplação, do diálogo com o

Senhor. Não é mais apenas uma meditação. Mas tudo tem seu valor.

O corpo também é importante na oração. Ele deve observar uma postura digna. Sentado ou ajoelhado, mas em ambos os casos, com dignidade. Porque também oramos com o corpo.

Isso também se aplica à meditação, não é? (Diana)

Existem tantos tipos de meditação hoje... Existe meditação em si mesmo, quando estamos centrados em nós mesmos, mas não é a meditação cristã tradicional, que continua sendo a que pratico, que é a leitura de um trecho do Evangelho, uma pequena reflexão resultante desta leitura e depois, vivamos!

Quem é seu santo favorito? (Rosaur, Manila, Filipinas)

Santa Teresa de Lisieux.

O senhor está dizendo isso porque alguns de nós somos franceses? (Loïc)

Sem chance! Vá para o meu quarto e você verá que lá tem muitas coisas da pequena Thérèse.

Quantas vezes se tem que orar para poder ressuscitar? (Ifshan, Cidade do México, México)

O jovem que fez essa pergunta poderia muito bem ser muçulmano, porque os muçulmanos rezam um certo número de vezes no mesmo dia. Parece-me que devemos rezar quando podemos e quando Deus nos chama. As orações oficiais da Igreja são as seguintes: de manhã para as Laudes, ao meio-dia para outra oração e à noite para as Vésperas.

Esses são os momentos "clássicos" de oração: principalmente de manhã e à noite, e, em menor grau, ao meio-dia, mas nem sempre é assim. Na oração, o importante é a liberdade. Não devo rezar, mas tenho vontade de rezar.

E como devemos orar? (Jesús)

Bem, como pudermos! Mas certamente com o coração. Porque rezar é falar com Deus e, portanto, com o pai. Oramos como podemos, como vem, porque ele ouve todas as línguas, as do coração e as do espírito.

Então, quando o coração manda, né? (Ricardo)

Sim, mas sem esquecer que também existem corações preguiçosos. Esses nunca vão querer orar! O coração fala, mas você também tem que colocar um pouco de si nisso.

Qual é a filosofia da oração? Se Deus conhece o futuro e faz o que é necessário para que coisas boas nos aconteçam, qual é o sentido de orar? (Yasin, Teerã, Irã)

Deus nos conhece. Deus sabe do que precisamos, mas precisamos de Deus e a oração é uma forma de responder a essa nossa necessidade de pedir. Somos mendigos. Se não aprendermos a ser assim, vamos continuar como aquelas crianças malcomportadas que ganham brinquedos e outros lindos presentes sem saber apreciar.

Deus sabe tudo, mas Deus é pai e quer, como um bom pai, que assumamos o controle daquilo que ele dá. Uma criança que nunca pede nada ao pai, porque sabe que o pai dará tudo sem que ela tenha pedido nada, é uma criança que não está bem. E o pai não está feliz, porque precisa de um diálogo com a criança. Esse diálogo começa com um pedido. Depois continua com esse outro pai que é Deus, contando-lhe como estamos, o que está acontecendo conosco... A oração nunca é apenas um pedido, é uma conversa com o pai, uma conversa sobre o amor que ele nos dá, o amor que temos por ele ou não.

A oração, às vezes, pode se basear apenas no que o filho pródigo disse ao pai: "Pai, pequei contra o céu e contra ti". Como quando nos aproximamos, como pecadores, para pedir perdão a Deus e sentimos que ele coloca a mão em nossa boca para que nossa frase fique suspensa. Essa é a beleza da oração. É, outra vez, a parábola do filho pródigo[1]: chegamos junto ao Pai e nos preparamos para fazer o discurso que havíamos ensaiado, mas ele nos cala com um abraço como se dissesse: "Estava esperando por você... O que aconteceu para que não viesse por tanto tempo? Sei do que precisa. Mas vamos falar sobre nós dois..."

Mas o senhor também é pai, não é? (Jesus)

Com certeza, já fui mais de uma vez. Pelo menos me deram a sensação de que fui... (Risos)

Que lugar ocupa a Santíssima Virgem na sua vida? (Saida, Mossul, Iraque)

Um lugar importante, muito importante. Meu primeiro livro como papa foi uma entrevista que me pediram para fazer e na qual disse tudo o que falo para Maria sobre tudo que eu tinha dentro de mim. Esse livro se chama *Es mi madre*[2] e nele eu falo com ela como um filho falando a uma mãe. Sim, a Virgem é muito importante em minha vida.

1 Lucas 15, 11-32

2 Literalmente, "És minha mãe".

Ela desata os nós? (Sybille)

Você conhece a história da imagem de Maria que desata os nós? É a história de um pintor da Baviera, que aconteceu por volta de 1700[3], no final do período barroco*. Esse pintor era católico praticante e sua esposa também, mas o casal brigava muito. Como esse pintor era muito piedoso, sempre orava para a Virgem pedindo alguma graça. Um dia, enquanto lia algo — ele lia muito —,deparou-se com a seguinte frase: "Os nós que Eva gerou com sua desobediência, Maria desatou com sua obediência". Era uma frase de Ireneu de Lyon. A afirmação inspirou muito o pintor e ele disse a si mesmo: "vou pintar a Virgem desatando os nós e pedir a graça de desfazer os nós das desavenças que tenho com minha esposa". É por isso que na parte de baixo do quadro está pintado o arcanjo Rafael, acompanhando Tobias[4] ao encontro de sua futura mulher.

O que aconteceu depois, que está documentado, mostra que a Virgem concedeu a graça ao pintor, porque, quando acabou a tela, sua relação com a esposa estava muito diferente. Eis a história!

Ah! Vou tirar uma foto dessa imagem para minha esposa! (Loïc)

E essa frase, "Os nós que Eva gerou com sua desobediência, Maria desatou com sua obediência", o Concílio Vaticano II retomou na encíclica *Lumen gentium*, quando fala da Virgem.

O senhor sabe quando vai morrer ou quando eu mesmo vou

3 Johann Georg Melchior Schmidtner (1625-1705).

4 Tobias, 3, 17.

morrer, já que está em comunicação com o Senhor? (Gunja, Delhi, Índia)

Às vezes, quando nosso corpo parece danificado, temos uma intuição da morte. É estranho, porque os animais também têm. Alguns, quando sentem que vão morrer, escondem-se e morrem em segredo... Nosso instinto é muito menos desenvolvido, porque nosso espírito é mais aguçado que os sentidos, mas o Senhor às vezes nos dá sinais. Eu, por exemplo, estou hoje no fim de minha vida. É um ritmo diferente.

O senhor está realmente vendo algo diferente? (Jesus)

Não, foi apenas a música que mudou. Música que me diz agora: você tem 84, quase 85. É como uma espécie de júbilo. (Risos) Chegou a hora desse júbilo de viver. Mas tudo isso é inconsciente. Esse ritmo muda sem que percebamos. Da mesma maneira que na minha idade não me ocorre a ideia de jogar futebol, porque o corpo não responderia, o mesmo acontece com a psique. A psique ou a alma me fez perceber que estava chegando na reta final. Minha oração também se alimenta disso.

Santo Padre, será que um dia Satanás será capaz de se converter à religião católica e garantir que o mal acabe de uma vez por todas? Muitas pessoas em situações precárias, que sofrem desse mal e que estão psicologicamente perturbadas, estão preocupadas com essa questão do mal e das verdades últimas. Como responder a suas ansiedades? Como podemos discernir o que participa do combate psíquico e o que participa do combate espiritual? (Christian)

São coisas que as ciências ocultas conhecem muito

bem... Por trás dessa questão está uma experiência ligada a uma cultura, o vodu, à qual o cristianismo não é estranho. Algo semelhante está acontecendo em outros países, onde muitos católicos vão à missa, confessam-se e depois vão ver uma bruxa. Como é chamado? Vão ao Candomblé, consultar quem lê as linhas da mão.

Mas isso também é verdade na Europa. Muitos católicos vão à missa e depois têm as mãos lidas. Não precisa ir tão longe... (Jesús)

Você está certo, mas há lugares onde tudo isso é mais poderoso e mais denso. Por exemplo, o vodu no Haiti. Devemos nos lembrar que a influência da África é muito forte por lá e ajuda a promover esses fenómenos.

Quanto à questão de saber se o diabo pode ser convertido, bem... não sei! (Risos.) Mas o orgulho do diabo é tal que podemos duvidar dele. Não vamos nos esquecer de que essa questão surge frequentemente entre aqueles que sofrem de situações psicológicas difíceis e para quem a preocupação pelas verdades últimas é muito intensa. Tudo o que se relaciona com a escatologia assume uma importância particular nesses contextos específicos.

Santo Padre, tenho outra pergunta: o senhor sabe distinguir um doente mental de uma pessoa enfeitiçada, possuída por demônios? (Christian)

Não, para falar a verdade não sei. Mas os padres encarregados dos exorcismos sabem muito bem disso. O exorcista do arcebispado de Buenos Aires, que também foi meu confessor, era um homem santo de origem croata. Ele era velho quando o conheci. Ele me disse que de todos os casos que foram enviados pelos bispos, com os quais foi confrontado, só tinha observado duas possessões diabólicas; todo o resto pode muito bem ter sido influência do diabo, mas tratava-se de distúrbios psicológicos ou obsessões diabólicas, não de possessões propriamente ditas.

Tenho muitos problemas. Orei e orei ao Senhor para que as coisas melhorassem. Apesar dessas orações, o Senhor tirou minha mãe de mim. Fiquei com raiva de Deus. É pecado? (B., Rangum, Birmânia)

Ficar com raiva de Deus não é pecado. Como eu disse, é uma forma de rezar, como quando uma criança se irrita com o pai. Como eu também disse, é uma maneira de resgatar esse pai. Blasfemar, por outro lado, é um pecado muito difundido na Itália. Não sei se o mesmo acontece em França.

O que é blasfemar? Insultar a Deus? (Jesús)

É um insulto a Deus, com as palavras que vocês têm em grande quantidade na Espanha... Quando alguém me diz que está blasfemando, pergunto: "Por que você faz isso?" Geralmente, não é dirigido contra Deus. É mais um modo de tentar respirar. Então respondo: "Blasfemar é pecado, mas dizer um palavrão, não... Posso lhe ensinar alguns, se quiser!" (Risos.) Na maioria das vezes as pessoas blasfemam por hábito e não para insultar realmente a Deus. É mais uma questão de encontrar o fôlego, e isso é bom.

Um pai nunca ficará ofendido com o que seu filho possa dizer. Pode haver discussões entre eles, especialmente durante a adolescência, mas o filho continua sendo seu filho. E é muito raro uma criança insultar o pai. Por outro lado, pode acontecer que ele se rebele, chame-o de ultrapassado, que reclame por não o compreender ou por ser ausente... É muito comum. A sabedoria que os pais devem pedir a Deus é sobre como acompanhar os filhos nessas fases de revolta. É sensato também que todos peçamos a graça de saber acompanhar nossos irmãos quando eles se revoltam contra Deus e, repito, quando essa revolta não é um insulto, mas uma verdadeira revolta, então, sim, acredito que é uma forma de orar.

O que posso fazer para que minha fé em Deus não enfraqueça ou diminua? (Aram, Kapan, Armênia)

Faça o bem, tente fazer o bem aos outros. E então fale familiarmente com Deus. Orar, ler a Bíblia ou qualquer outra atividade espiritual que possa ajudar alguém. Mas eu diria que o principal é falar com Deus, procura-lo e, se ele ficar calado, dizer: "Por que estás tão calado comigo?" Porque Deus se esconde, às vezes...

A Cruz que carrego com alegria na terra me tornará mais feliz também no céu? (Dolly, Antoura, Líbano)

O mistério da Cruz é o mistério de uma porta aberta. A Cruz abre essa porta, salva o mundo, muda os corações, oferece a todos a possibilidade de transformar vidas, de conduzir tudo do pior ao melhor. Não sei quais são os graus de alegria no céu, não tenho um "termômetro celestial", se assim posso dizer. Não conheço a temperatura da alegria no céu! Mas o que acredito é que carregar a Cruz com alegria é uma forma de amor, e o amor está no céu como está aqui. Quanto mais amamos, maior é nossa alegria. Se você amou muito, então vai desfrutar muito desse amor lá em cima.

Caso contrário, você só desfrutará na medida do amor que deu. Mas esse é um mistério que não podemos medir. São Paulo diz: "Coisas que os olhos não viram, nem os ouvidos ouviram, nem o coração humano imaginou, tais são os bens que Deus tem preparado para aqueles que o amam."[5] No entanto, permanece essa ideia de que a medida do amor é a da alegria.

Santo Padre, nosso Bispo pede sempre que estejamos em paz, mas em nossa família não estamos em paz. Somos infelizes. Como podemos trazer paz e alegria para nossa família? (Selina, Howrah, Índia)

Tenho prazer em responder que você não deve confundir paz com tranquilidade. (Risos) Quem os confunde está errado. A paz é uma harmonia interior, que às vezes você deve levar com a Cruz. No entanto, é a paz que cabe a vocês levar hoje. Amanhã pode ser diferente. Paz não é festa, *pasar la bien*, como se diz em espanhol. Não, a paz é o que abre à coerência interior, ou seja, à vida cristã. Para levar alegria e paz à sua família, você deve partir justamente dessa coerência interior. É ela que devemos encontrar primeiro. A partir desse ponto, o Espírito Santo vai inspirá-lo em cada momento sobre o melhor caminho para encontrar a paz. Não existe receita para isso. Devemos abrir espaço para o Espírito Santo, que é sempre criativo. Ele é um poeta... Você deve lhe dar esse lugar de onde ele mostrará o caminho para a paz. Como você pode ver, tudo isso não rima com "tranquilidade".

O senhor concorda com esta frase de Madre Teresa: "O fru-

5 Corintios, 2, 9.

to do silêncio é a oração e o fruto da oração é a fé"? (Pierre)

Sim, com certeza.

Eu não acredito em Deus. Quando eu estiver na frente dele, ele me considerará uma pessoa má? (Akanksha, Delhi, Índia)

Com certeza não. Ele vai recebê-lo de braços abertos e seu espanto vai diverti-lo! E dirá: "O importante não é se você acreditou ou não, o importante é que agora você está comigo."

Sim, eu também acho. Quão difícil deve ser a vida sem essa crença em Deus! Já não é fácil com a sorte desta crença, que dirá sem... (Jesús)

Duvido da existência de Deus e de Maria. Tenho a sensação de que eles não nos ouvem. Como sabemos se eles nos veem, se nos ouvem? (Fabien, Porto Príncipe, Haiti)

O que mais lhe interessa? Saber que eles te veem e ouvem, ou que isso é verdade? Pergunto porque aqui você cai na tentação de controlar seu relacionamento com Deus. O importante é que Maria e ele o vejam e o escutem. Fale com eles, faça um ato de fé, e um dia saberá se eles o viram e ouviram. Mas isso é algo que você não pode saber se estiver cético. Só a experiência pode lhe dar esse conhecimento.

Como podemos fazer com que Deus toque e penetre corações endurecidos? (Taghi, Kapan, Armênia)

Deus tem essa capacidade de penetrar corações endurecidos. Ele é um pai. Mas ele não destrói os corações entrando neles. Ele nunca destrói nenhum coração.

Ele não está naturalmente em nossos corações? (Loïc)

Você está certo, ele mora lá, ele está lá. Como saber? Aqui, mais uma vez, só podemos saber disso por meio da experiência, e não a partir da compreensão. A verdade é a seguinte: *Deus está em nosso coração*. Nossa fé nos diz isso, mas eu entendo que temos que vivenciar, e essa vivência só acontece abrindo o coração a Deus por meio da oração, por meio da ação, por meio da ajuda aos outros.

E por meio das lágrimas? (Sybille)

É uma das formas mais lindas... Lágrimas na presença de Deus. Já mencionei o dom das lágrimas.

Por que alguns amam o Senhor e outros não? (Jorge, Salvador, Brasil)

Cada pessoa é um mistério, tal como falamos do mistério da Santíssima Trindade. Ela também é um mistério. O coração de cada um de nós é outro, o coração de cada pessoa vem de sua história, de sua capacidade de conhecer o mundo, de sua dor, de seu sofrimento, de seus desejos. É de tudo isso que cada pessoa tira sua capacidade de amar.

Vamos pensar na Madalena do Evangelho. Madalena era uma pecadora, uma grande pecadora, segundo as aparências. Ela tinha muito dinheiro porque ungiu os pés de Jesus com um perfume caríssimo. Jesus disse a ela: "Teus pecados estão perdoados." E quando foi repreendido por essa palavra, respondeu: "Eu a perdôo muito, porque ela amou muito." "Como ela poderia amar já que era prostituta?" –retrucou um dos que estavam à mesa com ele[6]. Verdade. Mas mesmo de forma errática, Madelena carregava

6 Lucas 7, 36–49.

o desejo de procurar, e procurava um amor limpo e puro. Quando conheceu Jesus, gastou todo o seu dinheiro com o perfume, para demonstrar esse amor. É muito bonito.

E foi só Jesus que percebeu isso? (Jesus)

Sim. Judas disse a Jesus: "Ela poderia ter doado todo esse dinheiro aos pobres"[7] Tudo bem, respondeu Jesus, mas "os pobres sempre estarão sempre conosco", pois são a presença da Igreja. Os outros ficaram escandalizados e protestaram: "Essa mulher, com essa vida! Como Jesus poderia perdoar?"[8] Ele a perdoa porque, repito, apesar dessa vida louca, ela procurava o amor verdadeiro. Nunca devemos condenar quem procura, mas pelo contrário devemos ajudar a encontrar e a seguir em frente, para que todos continuem em seu caminho em busca do Senhor. Essa pessoa é assim ou assim, mas ela anda, ela busca. Vamos acompanhar; se ela procurar errado, vamos dizer a ela, vamos ajudar, mas sem julgar nem condenar. O único que pode condenar é o próprio Senhor, e ele não vai ficar ocioso no Dia do Juízo. Não vamos fazer o trabalho por ele.

É verdade que existem corações endurecidos, fechados, surdos. Outros que até então estão em pecado (*o Papa acompanha as palavras com um gesto*), como por exemplo o rico Zaqueu, que, sentindo o coração perturbado, sobe em uma árvore para ver Jesus entrando em Jericó[9]. Zaqueu, ladrão, explorador, vigarista, traidor, mas também um coração inquieto buscando a Deus, a quem encontrou. Não é por acaso que o Evangelho fala dele.

---

7 João 12, 4-5.
8 João 12, 8
9 Lucas 19, 1–10

Como alcançar a santidade? (Marielle, Manila, Filipinas)

Você me lembra aqueles livros para aprender línguas chamados *Assimil*. Por exemplo, *Como aprender francês em 30 aulas*. (Risos) Foi assim que comecei a estudar alemão e foi assim que abri as portas para novos idiomas.

Como alcançar a santidade? Bem, você tem que querer ser santo! É fundamental. E faça com que Deus o torne santo. Mas o ensinamento que tornaria possível se tornar um ainda não existe. A coleção *Assimil* ainda não publicou nada sobre esse assunto. (Risos.)

É verdade que temos um anjo ao nosso lado? (Kim Clade, Manila, Filipinas)?

Eu acredito nisso. O anjo da guarda é uma tradição muito grande na Igreja. Um anjo acompanha cada um de nós, como acompanhou Tobias quando ele pretendia se casar[10].

O senhor sabe o nome de seu anjo da guarda? (Loïc)

Não, mas eu rezo. É uma linda oração, traduzo para você:

"Anjo de Deus que é meu guardião
Uma piedade eterna me recomendou a você
Ajude-me, salve-me e leve-me para a vida eterna..."

No que me diz respeito, chamo este anjo de meu amigo invisível. (Ricardo)

Sim, alguns chamam assim, mas minha crença está no

10 Tobias, 3, 17.

anjo da guarda. Quando criança, aprendi a seguinte oração:

"Anjo da guarda
Minha doce companhia
Não me deixe noite ou dia
Antes de me colocar nos braços de Jesus e Maria"...

Havia em Sabóia, hoje região francesa próxima ao Piemonte italiano, um padre, Pierre Favre, único padre entre os futuros jesuítas, quando estudava em Paris. O próprio Inácio de Loyola ainda não era sacerdote. A devoção de Favre era falar com seu anjo e com os anjos dos outros. Além disso, quando se preparava para falar com alguém — tudo isso aconteceu na época da Reforma Protestante —, ele recomendava ao seu anjo que falasse com o anjo da outra pessoa e preparasse de algum modo o terreno para a conversa. Acho isso lindo.

Minha vida mudará quando eu passar para o eterno? (Edgar, Cidade do México, México)

Sim. Na sua Carta aos Coríntios, acho que na primeira delas, Paulo diz que todos seremos transformados[11]; seremos iguais, teremos o mesmo corpo, mas um corpo espiritual, e não mais um corpo carnal.

Paulo também tem esta linda frase: "Estaremos sempre com o Senhor"[12]. Mas como isso acontecerá? Quando o mundo acabará? Seremos todos transformados? Estaremos com o Senhor: essa é a grande transformação. O Messias de Handel, que você provavelmente conhece, me ajuda a pensar isso. Chega o momento da Ressurreição e daquele famoso

11 Primeira Carta aos Coríntios 15,51.

12 Primeira Carta aos Tessalonicenses 14,17.

"Aleluia" que todos conhecemos. Em seguida, a soprano canta com voz bem suave: "Sei que meu Redentor vive". Essas palavras, essa canção, me lembram a vida eterna. Elas me contam algo sobre como é – como será estar com o Senhor.

A frase de Paulo nos diz o que acontecerá depois que todo o barulho deste mundo acabar.

E não teremos mais um corpo físico? (Diana)

Teremos o mesmo corpo, mas transformado. Ou seja, não haverá mais necessidade de maquiagem! (Risos.)

Se Jesus voltasse hoje, que tópicos você acha que ele abordaria? (Dolly, Antoura, Líbano)

Os mesmos de sempre! Jesus lida com coisas cotidianas. Ele não é um sofista. Ele não cultiva ideias raras. Fala de sua sementeira aos camponeses, de suas ovelhas aos pastores... A cada um fala para ser ouvido. Aos advogados, diz como a lei e os julgamentos deveriam ser proferidos. Sim, Jesus falaria de tudo, como falou de tudo em seu tempo.

Resta pouco tempo para a volta de Jesus? (Guilherme, Salvador, Brasil)

Essa foi a grande tentação dos primeiros cristãos. Quando isso acontecerá? Paulo, em sua Primeira Carta aos Coríntios, capítulo 15, evoca a Ressurreição dizendo: "Eis que vos revelo um mistério: nem todos morreremos, mas todos seremos transformados."[13] O próprio Jesus disse que vai voltar "e será como um raio em uma tempestade do Oriente ao Ocidente.[14]

Ele vai voltar, e você nem sequer vai ter tempo para pen-

13 Primeira Carta aos Coríntios 15,51.

14 Mateus 24-27.

sar nisso e todos nós vamos ser transformados. E Paulo, em sua Primeira Carta aos Tessalonicenses, termina com esta bela frase, que já lhes apresentei: "Estaremos sempre com o Senhor".[15] Essa frase é uma verdadeira consolação, é uma frase de esperança.

Pai, nosso Senhor é bonito? (Maria Clara, Salvador, Brasil)

Nosso Senhor é muito lindo. De beleza singular. Se você o vir, não há dúvida, você vai se apaixonar por ele.

Que conselho o senhor nos daria para sermos verdadeiras testemunhas de Jesus hoje, em 2020? (Alexandre, Lyon, França)

A vida do cristão deve ser um testemunho. Viva com o Evangelho nas mãos e no coração. Certa vez, durante a Jornada Mundial da Juventude, em Cracóvia, durante um almoço com quinze jovens de todo o mundo, um estudante me perguntou: "Tenho amigos da universidade que são ateus. O que devo dizer a eles para que creiam em Jesus?" Respondi: "A primeira coisa que você precisa fazer é dizer alguma coisa. Devemos viver segundo o estilo do Evangelho. Testemunhar. Então eles vão lhe perguntar: 'Por que você vive assim?' Aí você pode dizer algo a eles, conversar com eles sobre por que você vive dessa maneira." É por isso que as palavras "testemunhar", "testemunho", como já disse, são muito importantes, pois a Igreja não cresce por meio do proselitismo, mas pelo testemunho. Por isso é o que o Papa Bento XVI dizia para viver com o Evangelho no coração e na mão.

---

15 4, 17.

6

Espalhando as sementes da paz

Por que dividimos as pessoas com base em sua religião? (Sneha, Calcutá, Índia)

Porque somos maus, porque somos sectários. Gostamos das divisões. Se alguém me disser: essas pessoas são assim, bom, eu as respeito! Acontece que falamos dos outros dizendo: essas pessoas são assim, então eu me separo delas e faço guerra contra elas. Isso é o que chamo de intolerância, e é um mal.

O senhor só ajuda os cristãos ou ajuda a todos? (Nila, Chennai, Índia)

Devemos ajudar a todos, sem pedir carteira de identidade para saber a religião dessa ou daquela pessoa. Somos todos irmãos e devemos ajudar a todos.

Não consigo entender como os cristãos podem me ajudar quando sou muçulmano. (Ayman Boulam, Madri, Espanha)

Bons cristãos fazem isso! Aqui está alguém que conheceu bons cristãos! Esse é o grande impulso do anúncio evangélico. Podemos dizer que não, mas algo está trabalhando no fundo de nossos corações. Uma preocupação que o Espírito Santo transmite. Isso é o que o Evangelho pede, e é isso que provam aqueles que se perguntam como os cristãos podem cuidar deles.

Como conseguir aceitar quem é diferente de nós, que tem outras convicções, outras crenças, outros fundamentos? (Dolly, Antoura, Líbano)

Deus não separa as pessoas. Ele aceita todos como são e apoia a todos igualmente. Se desviamos, ele nos orienta pouco a pouco no caminho do bem e converte nossos corações, qualquer que seja a religião, qualquer que seja a condição social, qualquer que seja a situação pessoal. Deus não recusa a entrada a ninguém por causa de seu modo de ser, de sua condição social ou de sua identidade sexual. Deus aceita todos os seres humanos porque ele é o pai de todos.

Com pleno conhecimento da Bíblia, algumas sociedades rejeitam os homossexuais. Como o senhor mesmo os aceita? (Ciro, Qom, Irã)

Você deve saber ler e interpretar a Bíblia. Em todos os sentidos, Deus ama cada homem e mulher além da sua orientação sexual. E como já disse algumas vezes, quem sou eu para julgar uma pessoa por sua orientação sexual? Há poucos dias organizamos uma vacinação contra o coronavírus para as pessoas nas ruas e para os pobres de Roma. Foram três dias intensos. Todos foram tratados com a máxima dignidade. Depois chegaram dois ônibus trazendo pessoas transexuais. Vários dos que estiveram no local alertaram o cardeal encarregado da operação — um cardeal que nunca é visto com roupa vermelha, mas sempre de calça e paletó: "Cuidado! Transexuais estão vindo..." "Vacine-os!" ele respondeu imediatamente. E acrescentou: "Só uma recomendação: não perguntar se são homem ou mulher para não ofendê-los." Cada um tem seu lugar na casa de Deus. Todos.

Sempre que me deparo com situações como essa, penso em Jesus e em seu desejo de salvar a todos nós. E isso me leva a ver em cada um uma irmã ou um irmão, só isso. Me irrita quando os problemas das pessoas são trazidos à tona. Isso os magoa e eles sofrem. Temos que ser muito, muito respeitosos com eles e uns com os outros.

O que podemos fazer para tornar a Igreja mais unida? (Gregório, Laferrere, Argentina)

Ainda esta manhã conheci alguns luteranos. Você os viu, eles estavam almoçando aqui. Havai três mulheres, a arcebispa da importante cidade de Uppsala, na Suécia, de quem gosto muito; outra mulher que era da América Latina, falava espanhol, mas era de origem alemã. E ainda havia outros, todos luteranos. Muitas vezes nos encontramos em busca da unidade da Igreja. Mas é verdade que a Igreja está dividida e continua a se dividir, e não apenas dogmaticamente entre os protestantes, os ortodoxos etc. Nós próprios, católicos, dividimo-nos, e muitas vezes não por muito, geralmente por questões disciplinares: um celebra a missa de uma determinada maneira, outro de outra, um terceiro em latim etc. Ora, a divisão é a arma do diabo, essa Igreja dividida certamente não é o que Jesus deseja. Na conversa desta manhã, disse aos nossos irmãos e irmãs luteranos: "Somos todos irmãos, devemos passar do conflito para a unidade, provocando nós mesmos a crise necessária para isso".

Você pode me perguntar: "Será que um dia teremos todos os mesmos dogmas? Quando?" Um velho teólogo ortodoxo me disse um dia: "Tenho a data". "Quando?", perguntei, como você teria feito: "No dia seguinte ao Juízo Final". Na verdade, porém, podemos nos unir hoje na oração e na caridade. Se fizermos o bem, a unidade estará presente, e sempre mais. Estou pensando, por exemplo, no movimento Caritas, na Suécia. Ali se reúnem nossas diversas crenças, na caridade, mas também e sobretudo na oração.

Avancemos, portanto, tão unidos quanto possível. Vamos deixar os teólogos seguirem seu caminho, que é longo, mas não vamos esperar. Repeti esta fórmula três vezes esta manhã: "Passar do conflito para a unidade, nos colocando em crise." Um pastor alemão me perguntou: "Por que tanta ênfase na crise?" E eu respondi: "Porque se você realmente avança, você entra em crise." E é essa crise que abre o caminho, enquanto o conflito nos prende. A crise abre o caminho, como um campo arado para o Espírito Santo penetrar. Ora, é o Espírito Santo que unirá a Igreja por meio da sua criatividade, porque ele é um poeta, como já disse em nossas conversas. É por meio dele que a harmonia virá. O latim diz bem: *Ipse armonia est*[1].

Santo Padre, parece-me que Julián Carrón prega muito isso.

---

1 Antiga expressão latina que diz "Ele mesmo é a harmonia".

O senhor conhece Comunhão e Libertação[2]? Pertenço a esse movimento. Esse homem também diz que a crise é uma bênção. (Jesus)

E o que você acha? Veja uma mulher grávida. Durante nove meses, seu corpo e mente entram em crise até que ela dê à luz uma nova vida. A crise é frutífera.

Existem tantas religiões diferentes. Como alcançar a unidade? (Diana)

Repito, a unidade começa com a oração e a caridade, e nenhum dogma proíbe isso. Cada um acredita o melhor que pode, por conta própria, por adesão. Pelo menos sigamos em frente como irmãos. É o primeiro presente que Deus nos deu. Ele nos criou irmãos.

E o senhor acha que isso é possível? (Diana)

Sim, é possível. É possível uma sogra se dar bem com a nora? (Risos) É possível. Bem… às vezes.

Papa, por que existe terrorismo? (Taghi, Yerevan, Armênia)

O terrorismo é hoje uma forma de guerra mundial, muito em voga, se assim posso dizer. Acredito que vivemos em uma terceira guerra mundial, eclodida em vários lugares e épocas, e o terrorismo é uma das organizações bélicas mais sérias que existe. Como sabem, o Daesh quase desapareceu no Oriente Médio mas, pelo contrário, está se tornando cada vez mais ativo no Cáucaso e na África.

---

2 Trata-se de um grupo catequético que trabalha em comunidades de vida laica, nascido desde a década de 1950. O padre Julián Carrón presidiu o grupo entre os anos de 2005 e 2021. O papa Francisco pediu a renovação das lideranças do grupo.

O terrorismo é movido pelo ódio. Independentemente do que digam seus intervenientes, deixa atrás de si ódio e destruição. Um mundo em que tanto dinheiro é gasto em armas só pode ser um mundo doente. Somos prisioneiros da corrida armamentista e o terrorismo é uma manifestação dessa corrida. É uma guerra suja, que causa muitos danos. Basta pensar, por exemplo, no Iêmen, devastado pela guerra e pelo terrorismo. Quem paga a conta? As crianças, que não têm escola, que não têm o que comer, que não têm hospitais. As crianças são hoje as principais vítimas dessas guerras locais.

Vamos pensar também na província de Cabo Delgado, em Moçambique, ou em outras regiões e países da África, como o norte da Nigéria ou o Zaire, onde o terrorismo cresce neste momento. O terrorismo destrói e continua a destruir.

Vossa Santidade, qual é sua contribuição para a paz mundial? Muitos daqueles que lhe enviaram perguntas querem saber o que o senhor pensa sobre a guerra, sobre a paz e sobre o que precisa ser feito para alcançar uma paz duradoura. (Mehrnaz, Londres, Reino Unido)

Esse é certamente um dos temas sobre os quais mais falo. A paz, a procura da paz, a tentativa de a encontrar, ou pelo menos de ajudar a encontrá-la, com pequenos passos e apoiando todos aqueles que semeiam a paz, os abençoados semeadores da paz, os pacifistas, os pacificadores. Minha contribuição é dessa ordem.

O mundo poderia acabar com sua loucura? A guerra e tudo o mais poderia acabar? (Céline, Lyon, França)

Sim, chegará o dia em que a loucura do mundo vai acabar. (Silêncio.) Porque o mundo está muito louco, hoje. O pecado é uma loucura. Não é apenas uma ofensa a Deus, mas a nós mesmos e a todos nós. Acredito que quando Jesus voltar e tomar tudo de novo sobre seus ombros, essa loucura vai acabar. Mas enquanto o mundo for este mundo, estaremos na mesma. Infelizmente, a guerra, as guerras, a destruição são obra do mal, e isso é inegável.

O senhor pode servir de guia? Pois o senhor é de fato, como Papa, o guia da paz de Deus, que pode dar a César o que é de César e a Deus o que é de Deus? (Christian)

Acredito que todos recebemos um pouco de luz que mudou nossas vidas e nos colocou ao serviço dos outros. Todos temos que ser guias para os outros. Não consigo imaginar uma vida cristã em que não possamos alcançar os outros. Testemunhar, como repito muitas vezes aqui, é dar o exemplo. Não estou falando apenas de mim, mas de todo mundo. O que há de bonito no Evangelho, se assim posso dizer, é que ele abarca todos nós.

E isso seria preparar a volta de Cristo, preparar os outros para esse regresso trabalhando pela paz? (Christian)

A intuição de Christian, que há muito carrega no coração, é que o Papa tem a missão de trabalhar pela paz no mundo. (Pierre)

Sim, de fato. O senhor se tornou o grande guia espiritual de Deus, sua voz, e tem a missão de trabalhar com os governos, porque todo governo também deve trazer a paz e dar a César o que é de César e a Deus o que é de Deus. (Christian)

Christian está certo. Essa é a missão do sacerdote. Que também é a de nós todos.

Uma coisa é certa: se cada um não tiver paz dentro de si, também não terá fora. (Diana)

E é por isso que a confissão cristã é necessariamente um testemunho. Sou cristão por mim mesmo? Não. Qualquer um que pensa que é cristão por si mesmo não é cristão. A vida cristã deve ser — diz Jesus — luz para os outros; uma luz que não podemos esconder.

O senhor acha que o que está acontecendo hoje na terra e na natureza seria uma espécie de Dilúvio? (Sybille)

Sim! Mas nós mesmos somos o Dilúvio! É porque usamos demais a natureza que tudo o que testemunhamos ocorre hoje.

Seria o nosso tempo o do Dilúvio e da Torre de Babel? Porque estamos no meio de uma crise! Cada um fala uma língua diferente e ninguém entende mais nada. (Diana)

O que você acabou de dizer me parece muito sábio. O mundo de hoje é caracterizado por essa incapacidade de falar uma linguagem comum, a linguagem da compreensão humana. Línguas diferentes são divisões, julgamentos feitos sobre os outros. São como o comércio de armas do qual vivem tantos países. Na quarta-feira passada, durante a minha audiência semanal, prestei homenagem a um grupo de trabalhadores portuários de Gênova, que se recusou a transportar um carregamento de armas de um pequeno barco para um grande cargueiro com destino ao Iêmen. "Recusamo-nos a ajudar a matar crianças", declararam os trabalhadores. Eles vieram aqui me cumprimentar e eu disse: "Se todo mundo agisse como vocês, o mundo mudaria!" Celebramos conferências internacionais pela paz, mas muitos países membros dessas conferências vivem das armas de guerra que fabricam.

O senhor procura contribuir para a paz, mas isso é assunto dos governos de todos esses países... (Jesús)

O que significa ser salvo pelo amor? (Johny Lee, Kabatan, Filipinas)

Édith Piaf cantou uma linda canção sobre o amor: "C'est l'amour". A salvação pelo amor é a maneira de Jesus nos salvar. Paulo nos diz na Bíblia: "No seu amor nos predestinou para sermos adotados como filhos seus por Jesus Cristo".[3] Isso significa que Deus enviou seu Filho para nos salvar. Deus é o primeiro protagonista da salvação. Ele vem à arena por nós pessoalmente, para trazer a salvação. Esse é realmente o maior amor que existe. É difícil deixar-se amar por esse amor. Mas é tão lindo!

Santíssimo Padre, representante de São Pedro na terra, meu nome é Youhana Jaani. Moro em uma vila muito pequena no Irã. O senhor pode rezar também pela paz no mundo e especialmente no Oriente Médio? (Youhana Jaani, residência desconhecida, Irã)

Que bom que alguém me envie um pedido assim de uma vila muito pequena! Os residentes dessa aldeia certamente têm experiência de guerra, porque o Irã fica na fronteira de países envolvidos em guerras que assolam a região.

---

3 Carta aos Efésios 1, 5.

E essas pessoas precisam de paz. Então, quando uma delas pede paz, isso me emociona muito. Ela pede algo muito bonito e muito grande. Obrigado, Youhana! É seu nobre coração que fala nesse pedido. Vou me permitir imitar Jesus e lhe dizer: "Você não está longe do Reino de Deus."[4]

---

4 Marcos, 12, 34

7

“Ninguém nasce por acaso”

Por que estamos aqui? (Christian, Manila, Filipinas)

Por que estamos na terra? Segundo o coração de Deus, ninguém nasce por acaso. Há homens e mulheres que nasceram por acaso, que não foram desejados, crianças que vieram ao mundo sem que ninguém as quisesse... Mas segundo o coração de Deus, estamos todos aqui porque Deus permitiu nosso nascimento, porque ele mesmo queria que nascêssemos. Não sei dizer mais que isso. (Risos.)

Santidade, como o senhor percebe o comportamento dos jovens de hoje no mundo? (Lenilda, Salvador, Brasil)

A juventude é o presente e o futuro. É claro que muita gente diz que os “jovens” são irresponsáveis, que vão de vício em vício. Bem, deixe eles dizerem o que quiserem! Os jovens são as sementes do futuro, o novo recurso para a vida de hoje. Ou os aceitamos como são, e os apoiamos, os ajudamos em todos os desequilíbrios que podem ter, ou então não teremos futuro. Essa juventude é o presente caminhando em direção ao futuro. Nossa preocupação é garantir, como já disse, que essa juventude esteja fortemente enraizada no passado. Desse ponto de vista, o diálogo geracional é fundamental. Os avós são as raízes dessa juventude; mas a juventude também não deve permanecer enterrada em suas raízes. Ela deve produzir novos ramos, novos frutos.

Como líder da Igreja Católica, como o senhor pode ajudar os jovens que sofrem de depressão? Como combater o suicídio que continua a aumentar? (Angelyn, Butuan, Filipinas)

Há, é certo, na depressão e no suicídio, que assolam os jovens de hoje, um enorme desencanto que contamina seus corações, que é o sentimento de uma traição da sociedade para com eles. Ela traiu suas expectativas, sem dúvida sem querer, mas há uma grande falta, e suas aspirações estão esgotadas. O fenômeno que, na minha opinião, melhor representa tudo isso é o do assédio (ou *bullying*) nas escolas. Bullying é quando alguém se torna alvo de toda a turma e todos batem nele, atacam ou zombam dele. Essa agressividade, essa patologia sempre existiu, mas parece que hoje se manifesta com uma espécie de virulência, é um instinto de destruição que aí se expressa. No fundo, é uma questão atacar os mais fracos — ou os mais marginalizados, os mais gordinhos... — para destruir uma imagem que inconscientemente é a nossa. Tudo isso é mais complexo do que esta explicação, um pouco superficial, mas acredito que seja útil.

Dois jovens do norte da Itália disseram-me recentemente que, quando voltaram para casa no final da tarde, encontraram seu filho adolescente enforcado em frente à tela do computador. Estava jogando o jogo do enforcamento com um amigo e morreu. Esses pobres jovens sofrem com uma taxa de suicídio muito elevada, porque sentem um desejo de aventura que às vezes os faz perder o senso dos limites da vida; às vezes há também o efeito da decepção, ou de sofrimento diante de agressões sociais, como é o caso que acabei de mencionar, de assédio. Esse problema é muito sério. Dizem que os números exatos da taxa de suicídio nessa parte da população não são comunicados... Uma coisa é certa, esse problema é o resultado de uma profunda consternação dos jovens com o estado em que o mundo se encontra.

Santidade, quando tudo isso vai acabar? (Dori, Phoenix, Estados Unidos)

Quando tudo isso vai acabar, não tenho a menor ideia, minha filha, você sabe bem disso... O principal, porém, é não esperar até o fim e começar hoje mesmo a procurar uma solução. Sim, comece, não fique presa na desordem.

Mas como controlar o estresse? Como podemos perdoar nossos pecados e continuar na fé apesar de todas as dificuldades? (Saskya, Porto Príncipe, Haiti)

Como controlar o estresse, não sei dizer. Só um médico pode lhe dizer! (Risos) Como nos perdoar? A essa segunda pergunta posso responder: certamente está entre as coisas mais difíceis, mas também entre as mais bonitas, quando se chega lá. Eu também sou limitado, também sou pecador. Sim, por favor, perdoe-se. Mas não exagere, como se estivesse vivendo uma *dolce vita*. Mas uma certa dose de autopiedade é muito saudável.

Como podemos continuar na fé apesar de tantas dificuldades? Sempre teremos dificuldades e é justamente a fé que nos levará adiante. Fé na vida, fé em Jesus. Há muitas maneiras de viver sua vida com fé. A principal delas é não desperdiçar a fé, mas aproveitá-la bem, para que ela possa nos apoiar nos momentos difíceis.

O que é felicidade? (Arpana, Katmandu, Nepal)

(O Papa canta.) A felicidade é a harmonia entre o que somos, o que queremos e o que encontramos. É também uma harmonia na maneira de superar as provações e as dificuldades. Podemos ser felizes, de forma discreta, nos momentos mais difíceis. Porque a felicidade é isso, essa harmonia entre o que quero, o que sinto, o que faço, o que penso.

O senhor acha que tenho chance de mudar minha vida? (Edeline, Quezon City, Filipinas)

Não só acho, tenho certeza! Experimente e você vai ver que consegue. Todos podemos mudar nossas vidas. É por isso que Deus nos dá sua graça. Temos amigos, irmãos e irmãs ao nosso lado que com certeza nos ajudarão se pedirmos e se iniciarmos nosso caminho. Não existe uma única pessoa que não tenha a chance de mudar de vida. Isso, obviamente, se tivermos um mínimo de liberdade. Se formos privados disso, o problema é diferente.

Algumas pessoas sofrem de vícios que não conseguem superar... (Diana)

Ainda não conseguiram, mas a possibilidade permanece! Como fazer isso? Falta a eles, sem dúvida, vontade, mas também e sobretudo capacidade de se deixarem ajudar.

Se o senhor tivesse que alertar um cristão sobre algo, o que seria? (Clotilde, Nantes, França)

Resumindo, eu diria: "Cuidado com o mundanismo!" É o pior veneno. Cardeal de Lubac, nas últimas três páginas da sua *Meditação sobre a Igreja*[1], fala da mundanidade espiritual como a pior tentação para a Igreja hoje, ainda pior que as da época dos papas concumbinários. O que ele diz é importante. É contra este mundanismo que eu alertaria os cristãos.

Mas o que é esse mundanismo? Uma crença em outros deuses? (Jesus)

É o espírito deste mundo, é uma vida de acordo com os padrões deste mundo.

Minha esposa diz que, para evitar toda a mundanidade na residência de Santa Marta, onde o senhor mora, seria necessário também uma casa Lazare.[2] (Pierre)

É uma boa ideia, estou aberto a isso.

Papa Francisco, se o senhor pudesse mudar uma coisa no mundo, o que seria? (Javiera, distrito de La Pincoya, Huechuraba, Chile)

Uma coisa muito engraçada vem à mente para lhe responder: a palavra "mãe" ou "mamãe". Que todos tenham uma mãe! Que todos experimentem como é ter uma mãe. Sofro quando vejo essas crianças ou esses jovens, esses "guachitos", como dizem no meu país, que não têm mãe. Eles tiveram uma mãe, mas não uma mamãe. Sofro muito por esses órfãos. Poderia dizer isso também de quem não tem pai, mas falo aqui da mãe porque me parece que ela tem

1 Paris, Cerf, 1953.

2 Pierre está se referindo à associação Lazare, fundada em 2010, que gere e desenvolve programas de alojamento partilhado para pessoas sem-teto.

um peso simbólico maior.

Há poucos dias, perguntei à Presidente da Comissão Europeia, senhora von der Leyen, que tem sete filhos: "Como resolveu o problema econômico que a União Europeia teve de enfrentar com a pandemia? Com essas despesas que todos os países tiveram que assumir, mas que nem todos conceberam da mesma maneira?" Ela olhou para mim, fez o gesto de uma mão que modela alguma coisa (*o Papa fez o gesto*) e me disse: "Eu fiz o que as mães fazem." Esse gesto me disse muito! Ele me fez perceber por que a situação dos órfãos me é tão dolorosa; a situação de quem não tem pai nem mãe, que trabalha desde muito jovem, que se torna uma criança-soldado, que não tem infância... Isso é o que eu mudaria. Que ninguém nunca mais experimente a dor de ser órfão.

E o senhor, Papa Francisco, se fosse fazer perguntas às pessoas da rua, o que gostaria de perguntar? (Pierre)

Você que viveu as dificuldades da rua, o que espera da Igreja? Em sua opinião, como poderia a Igreja ouvir mais os mais pobres? Você que às vezes experimentou humilhação e abandono, o que a Igreja e a sociedade deveriam saber sobre essa experiência?

EPÍLOGO

Manter a porta aberta[1]

Eu tinha escrito um discurso que queria ler para vocês, então vou entregá-lo por escrito, porque quero falar um pouco sobre o que aconteceu aqui.

Gostaria de usar a imagem da porta. Essa experiência da porta aberta, ou da porta fechada, o medo de que alguém não abra a porta para mim, o medo de que alguém feche a porta na minha cara... Essa experiência que acabamos de ouvir de um de vocês, essa é a experiência de cada um de nós se olharmos para dentro de nós mesmos.

E faço a pergunta: qual é minha relação com a porta?

Algumas pessoas pensam que a porta é delas e colocam um cadeado nela e fecham. Outros têm medo de bater à porta. Isso se deve ao medo que têm de não saber se serão acolhidos e aceitos. Outros querem entrar mas têm medo da porta e tentam entrar pela janela. E assim podemos ainda imaginar muitas situações e nos perguntar: que relação eu tenho com a porta? A porta é Deus. Então, qual é minha

1 Discurso improvisado do Papa Francisco aos membros da associação Lazare, na Sala Paulo VI, sábado, 28 de agosto de 2021.

relação com a porta?

Tomo posse da porta para mim e não deixo ninguém entrar? Tenho medo de bater na porta? Espero sem bater que alguém abra a porta para mim? Cada um de nós adota essas diversas atitudes para com Deus, que é a porta.

Às vezes na vida é preciso ter a humildade de bater na porta. Às vezes é preciso ter a coragem de não ter medo de quem vai abrir a porta, porque é Deus.

E uma vez que se tenha entrado, é preciso ter a nobreza de não fechar a porta atrás de você, mas de abri-la para que outros também possam entrar, e é isso que Lazare faz: ela abre as portas. É por isso que quero agradecer hoje. Quero agradecer a vocês por esse testemunho não de "porteiros", porque vocês não cuidam de portas, mas por esse testemunho de homens e mulheres que, porque um dia a porta foi aberta para cada um de vocês, sentem a necessidade de abri-la para outros.

A porta é Deus quem nos abre, a porta é nosso coração... Está aberta, está bem guardada. Dá muito trabalho pensar nisso, mas você sabe como fazer.

Agradeço a cada um de vocês pelo testemunho dado. Continuem!

A associação Lazare é uma coisa muito pequena, são poucas pessoas, poucos lugares, enfrentando tantas necessidades! Mas Jesus disse um dia algo que se encaixa aqui: que o fermento também é uma coisa muito pequena, mas é capaz de se multiplicar; que a semente é uma coisa muito pequena, mas é capaz de fazer crescer uma grande árvore. O pior que poderia acontecer à associação Lazare seria esquecer que é muita pequena, porque se seu coração começar a crescer pelo poder, pela autossuficiência, pela complacência, a árvore e o pão não crescerão.

A riqueza que vocês possuem não está no banco. Sua riqueza deve ser pequena. Mantenham assim! E rezem pela Igreja, para que ela aprenda, nossa Santa Madre Igreja; para que nós, homens e mulheres da Igreja, aprendamos a sempre abrir a porta e tenhamos os ouvidos atentos a quem às vezes bate com tanta timidez.

Muito obrigado

AGRADECIMENTOS

Agradecemos

ao Papa Francisco por sua incrível confiança, ao *padre* G. por sua afetuosa disponibilidade, ao Cardeal Barbarin por seu apoio contínuo.

Agradecemos a todos que concordaram em fazer suas perguntas para Santo Padre:

os colegas de quarto do Lazare, os amigos da Ajuda à Igreja que Sofre, as missões estrangeiras de Paris, o Fidesco, a Delegação Católica para a Cooperação, a comunidade do Cordeiro, a fundação Saint-Irénée, as Crianças do Mekong, os Captifs, a Misericórdia, o Cenacolo, o Life Project 4 Youth, a Fundação Padre Anak, o Irã Católico, o Fratello e a paróquia de Notre-Dame-des-Alagados.

Agradecemos também

ao Padre Lucio Adrian Ruiz,

ao Monsenhor Battista Ricca,

à Sylvia

e a todo o pessoal de Santa Marta.

Obrigado a François Xavier Mayol, por seu aconselhamento jurídico.

Agradecemos

a Alix e Vincent Montagne,

a Elsa Rosenberger e a Maria Vlachou e a todas as equipes da Editions du Seuil.

Agradecemos

a Jean-Christophe Peaucelle e amigos da Embaixada da França junto à Santa Sé.

Obrigado à equipe do Lazare, sua diretoria, seus amigos, doadores e apoiadores.

Obrigado a Béatrice e Blandine pela revisão e apoio diário.

Impressão e Acabamento | Gráfica Viena
www.graficaviena.com.br